PETER KREINBERG

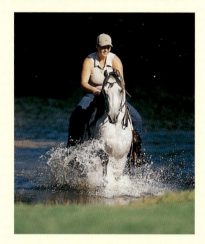

Der Freizeit-reiterkurs

GRUNDAUSBILDUNG
FÜR ENTSPANNTES REITEN

KOSMOS

Inhalt

Mit Leichtigkeit zum Ziel	6
Ein Buch für alle Freizeitreiter	8
Mein Weg	10

Freizeitreiten heute – so war es früher 14

Rückblick	16
Ein bewährtes Ausbildungssystem	18
Getrennte Ausbildungssysteme	18
Was sagt die „Deutsche Reitlehre" der FN?	20
Die Rolle der Erziehung bei der FN	20
Der Freizeitreiter-Boom	21
Neue Trends	23
„Natural Western Horsemanship"	26
Die Reiter von heute	27
Die Grundausbildung für Freizeitreiter und -pferde	28

Mit der richtigen Einstellung zur Harmonie 30

Die Hauptmotive der Reiter	32
Pferdegerechtes Verhalten leicht gemacht	34
Sicherheit geht vor	36
So verhalte ich mich am Boden	40

Mit guter Reittechnik geht es besser 44

Fehlhaltungen und ihre Korrekturen	46
Das unbewusste Handeln	47
Mit Körpergefühl zur Verständigung	48
Balance und funktionale Haltung	50
Schenkeleinwirkungen	52
Zügeleinwirkung und Zügelhaltung	56
Sitz- und Gewichtseinwirkungen	58
Kommandos oder akustische Signale	65
Taktmäßig einwirken – Schwebephasen erkennen	65
Spurtreu reiten	67
Vom einfachen Signal zur differenzierten Hilfengebung	67
Angstmanagement	70
Das Prinzip der Leichtigkeit	71
Ausrüstung	73

Übungen an der Hand 76

Verständigung durch Bodenarbeit	78
Übung 1 Hinterhand am Leitseil kreuzen lassen	79
Übung 2 Vorhand am Leitseil kreuzen lassen	82
Übung 3 Der Test: Achterfigur um die Tonnen	84

Übung 4	Druck und Nachgiebigkeit im Stand	85	Übung 9	Trab in leichter Anlehnung und Trabverstärkung, Galopp am hingegebenen Zügel	126

Übung 4 Druck und Nachgiebigkeit im
         Stand   85
Übung 5 Führen an der Hand   86
Übung 6 Longieren, nicht ausgebunden   90
Übung 7 Abkauen lassen und Biegen an
         der Hand   95
Übung 8 Übertreten lassen an der Hand   97

Übungen im Sattel 98

Übung 1 Stillstehen beim Aufsitzen und
         bei Bewegungsübungen im
         Sattel   100
Übung 2 Ein-Zügel-Nachgiebigkeit,
         dehnen, Ein-Schenkel-
         Nachgiebigkeit   101
Übung 3 An den Zügelkontakt stellen,
         Blumenstraußprinzip
         (Abkauen lassen, dehnen,
         Zügel in einer Hand)   104
Übung 4 Schritt – Halt – Rückwärts im
         Blumenstrauß mit aktiven
         Schenkelimpulsen   109
Übung 5 Wendungen um die Vorhand
         und die Hinterhand   112
Übung 6 Schritt, Trab und Galopp auf
         dem Zirkel am losen Zügel   116
Übung 7 Angaloppieren aus dem Trab
         und Schritt auf dem Zirkel,
         leichter Sitz, Aussitzen   120
Übung 8 Dehnung am nachgebenden
         Zügel im Schritt und Trab   124

Übung 9 Trab in leichter Anlehnung und
         Trabverstärkung, Galopp am
         hingegebenen Zügel   126
Übung 10 Kehrtwendungen im Schritt
         mit begrenzenden, äußeren
         Zügel- und Schenkelhilfen   127
Übung 11 Schenkelweichen   128
Übung 12 Viereck verkleinern und ver-
         größern   131
Übung 13 Reiten in Stellung und Konter-
         stellung   134
Übung 14 Schulterherein   136
Übung 15 Rückwärtsrichten   138
Übung 16 Übergänge zwischen Schritt,
         Trab und Schritt   142
Übung 17 Angaloppieren aus dem Schritt
         und dem Stand   148
Übung 18 Bodenrickarbeit   152
Übung 19 Anhalten aus dem Galopp – der
         Stopp   154
Übung 20 Schreckhindernisse kontrol-
         liert bewältigen   159

Der Traum vom harmonischen Miteinander 164

Service 166

Zum Weiterlesen   168
Empfehlenswerte Videos/DVD   169
Nützliche Adressen   169
Register   170

Mit Leichtigkeit zum Ziel

Der Umgang mit Pferden hat schon immer die Menschen fasziniert. Seit Jahrtausenden verwirklichte der Mensch als Reiter eine Erweiterung seiner körperlichen Fähigkeiten und eine Stärkung seines Egos. Auch in der heutigen Zeit, in der das Reitpferd als Mittel zur Fortbewegung, als Arbeitspartner von Hirten oder als Kriegsgefährte keine Funktion mehr in unserem Kulturkreis ausfüllt, haben viele Menschen noch eine stark emotional geprägte Beziehung zu Pferden. Das Pferd wird zum Lustobjekt.

Oberstes erklärtes Ziel sollte dabei stets ein harmonischer Umgang mit dem Tier sein.

Seit Beginn der Domestizierung von Pferden hat der Mensch die natürlichen Anlagen des Pferdes, seine Ängstlichkeit als Fluchttier, seine Anpassungswilligkeit und Duldsamkeit als Herdentier und seine grundsätzliche Sanftmut als Vegetarier genutzt, um es zu dominieren. Dies geschah und geschieht immer noch häufig mit mehr oder weniger subtilen Mitteln des Zwanges und der Einschüchterung. Dabei hat der Mensch schöne Worte gefunden, um diese Nutzbarmachung in einem positiven Licht darzustellen.

Doch wer seine Verantwortung gegenüber dem von ihm abhängigen Lebewesen ernst nimmt, der wird alle Mittel, die für das Pferd mit negativem Stress, Angst, Schmerzen und Leiden verbunden sind, nach besten Kräften vermeiden und verwerfen. Er wird nach Wegen suchen, ein Pferd auf humane

Weise „dienstbar" zu machen. In diesem Bestreben haben sich die Wege der Gewöhnung, der Erziehung und der Gymnastizierung in der Vergangenheit herauskristallisiert. In unterschiedlichsten Reitweisen findet man diese Prinzipien in den Ausbildungsmethoden für Pferd und Reiter wieder. Allerdings wurden unterschiedliche Schwerpunkte gesetzt, je nachdem, welche Verwendungsziele in der Nutzung der Pferde gesetzt wurden.

Die ausgewogene Gesamtheit dieser Komponenten kann man in dem Begriff „Horsemanship" zusammenfassen. Ein Zeichen guter „Horsemanship" ist es stets, wenn ein Pferd sich dem Willen des Menschen motiviert und widerstandsfrei fügt. Wer dieses Ziel mit dem geringsten Aufwand an Kraft und Zwang erreicht, der ist ein „Horseman", jemand, der ein Pferd an „unsichtbaren" oder „leichten" Hilfen führt, jemand, bei dem man den Eindruck hat, Mensch und Pferd würden sich mittels Gedankenübertragung verständigen. Unabhängig von Reitweise, Pferderasse und Ausrüstung haben sich diese „Horsemen" einem gemeinsamen Prinzip verschrieben, dem Prinzip der „Leichtigkeit", der „Lightness", der „Légèreté".

Mit meiner Methode möchte ich dazu beitragen, einer möglichst großen Zahl von Freizeitreitern einen für jedermann praktizierbaren Weg aufzuzeigen, diesem Pinzip der Leichtigkeit näher zu kommen.

Weit mehr als 1 Million Freizeitreiter in Deutschland streben einen entspannten, naturnahen Umgang mit Pferden ohne leistungssportliche Zielsetzung an.

Die Prinzipien der klassischen Reitkunst sind zeitlos. Ihre Umsetzung erfordert eine lange reiterliche Ausbildung unter meisterlicher Anleitung.

Ein Buch für alle Freizeitreiter

Mit diesem Buch möchte ich Pferdeliebhabern, Pferdebesitzern, Reiterinnen und Reitern unabhängig von Reitstil oder Reitweise eine praxisnahe Anleitung an die Hand geben, mit der sie die Umgangsformen eines Reitpferdes wesentlich verbessern und sein Verständnis für die reiterlichen Einwirkungen sowie sein allgemeines Wohlbefinden und seine Motivation verbessern können. Damit kann es dazu beitragen, Grundlagen harmonischen Miteinanders zwischen Mensch und Pferd zu schaffen und weiter zu entwickeln. Dieses Ziel kann angemessen zu beachten. Der faire Umgang mit Pferden erfordert nicht nur eine physische Anpassung, sondern er ist auch eine intellektuelle Herausforderung.

Dieses Buch ist für Menschen geschrieben, die bereit sind, die Dinge zu sehen wie sie wirklich sind, die sich nichts beweisen möchten, sondern einfühlsam, verantwortungsvoll und fröhlich den Umgang mit Pferden als Lebensart verstehen. Doch was kann man eigentlich noch Neues zum Thema Reiterei schreiben, wurde nicht alles

aber nur erreicht werden, wenn die Leserinnen und Leser bereit sind, sich unvoreingenommen und offen mit dem Inhalt zu befassen. Es erfordert die Bereitschaft, das eigene Handeln kritisch zu hinterfragen, sich selbst ein Stück weit zurückzunehmen und die Bedürfnisse des Tieres, das zur eigenen Freizeitgestaltung herangezogen wird,

Die deutsche Sportreitlehre stellt die Springausbildung und die Vorbereitung für Dressurprüfungen in den Vordergrund.

Moderne Sportpferde verfügen über sehr schwungvolle Bewegungen. Nur Reiter mit guter Reittechnik und einfühlsamem Sitz können ihnen gerecht werden.

schon vielmals gesagt? Den Ausführungen der großen Reitmeister der **klassischen Reitkunst** ist nichts mehr hinzuzufügen. Die Reiterpersönlichkeiten unserer Zeit, die sich diesem Thema mit Kompetenz und Leidenschaft verschrieben haben, sind in ihrem Tun beispielhaft. Die **moderne Sportreitlehre** der Deutschen Reiterlichen Vereinigung (FN) ist schlüssig, zweckmäßig und erfolgreich, wenn man die Erfolgsskala deutscher Turniersport-Reiter im internationalen Vergleich sieht. Neben diesen beiden Gruppen, sie repräsentieren etwa 10 % aller Reiter in Deutschland, gibt es die große Gruppe der Pferdeleute, die unter den Begriffen Hobby- oder Freizeitreiter zusammengefasst werden. Für sie stehen unterschiedliche Reitweisen und unzählige Pferderassen zur Verfügung.

Noch niemals zuvor in der Geschichte haben so viele Menschen nur zu ihrem persönlichen Vergnügen den Umgang mit Pferden praktiziert, die Erhebungen und Schätzungen gehen von bis zu 2 Millionen Menschen aus, die sich regelmäßig oder zeitweilig mit Pferden und dem Reiten befassen.

Niemals zuvor wurde so viel Geld im Bereich von Ausrüstung, Haltung, Fütterung und Medizin ausgegeben und nie zuvor war der technische Standard in diesen Bereichen so hoch wie heute.

Niemals zuvor wurde so viel zum Thema „Pferd" publiziert, die Zahl der Pferde-Magazine ist kaum zu überblicken.

Glaubt man den Berichten auf den Hochglanzseiten, den Verantwortlichen in den Organisationen und manchem Ausbilder, so scheint alles optimal zu sein.

Schaut man aber genau hin in den Reitställen und Vereinen, bei Züchtern und Privatpferdehaltern, „an der Basis" also, so wird man häufig feststellen, dass Disharmonien, risikobehaftetes Verhalten und Unzufriedenheit allgegenwärtig sind.

Pferde unterschiedlicher Rassen sind bei Freizeitreitern beliebt. Diese beiden Reiterinnen haben mit ihrem Paint-Horse und ihrem Araber viel Freude.

Mein Weg

Seit 1968 besteht unser Zucht-, Ferien- und Ausbildungsstall „Goting Cliff". In den letzten 30 Jahren bin ich aktiv vornehmlich in der Western- und Freizeitreiterszene tätig gewesen. Dabei habe ich durch meine diversen Tätigkeiten, zu denen der Unterricht auf „Goting Cliff", Kurse und Seminare in Deutschland und den umliegenden europäischen Ländern und die Jungpferdeausbildung gehören, stets direkten und intensiven Kontakt zur „Freizeitreiter-Basis" gehabt. Wenn man sozusagen „den Finger stets am Pulsschlag der Freizeitreiterszene hat und ein offenes Ohr für jedermann", gewinnt man schon einen sehr realistischen Eindruck von den Problemen der Leute.

Als Autor, Redakteur und Verleger gab es in den 90er Jahren für mich zudem ausreichend Gelegenheit, aus anderer Perspektive hinter die Kulissen von Verbänden, Organisationen und Veranstaltern des Reitsports und der nicht leistungssportlichen Hobbyreiterei zu schauen. Die Probleme der Züchter, Amateur- und Berufsreiter waren dort ein allgegenwärtiges Thema.

Aus der Summe aller dieser vielfältigen Eindrücke und Erfahrungen und aus der täglichen Praxis ergibt sich für mich eindeutig die Erkenntnis, dass sehr viele Freizeitreiter und Pferdebesitzer nicht wirklich zufrieden mit ihrer Situation sind. Zu viele Pferdeleute finden selbst für die alltäglichsten Probleme und Problemchen im Umgang mit Pferden keine Lösungen. Das mündet dann nicht selten in Ratlosigkeit oder führt zu unlogischen Experimenten. Ungeachtet ihrer offensichtlichen Probleme mit der Materie ist die Erwartungshaltung dieser Menschen an die

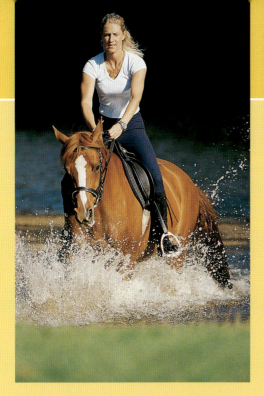

Für gut geschulte Pferde und Reiter entstehen auch in ungewöhnlichen Situationen keine Probleme.

Ein freundlicher und natürlicher Umgang mit dem Pferd stärkt die Partnerschaft.

eigene Person, an Andere und an die Pferde häufig unverhältnismäßig hoch und unrealistisch. Dieses Szenario ist wohlgemerkt nicht die Ausnahme, sondern eher der Regelfall. Glückliche Gesichter, fröhliche und freundliche Umgangsformen und natürlicher Umgang mit den Pferden, das alles ist unter Pferdebesitzern und Reitern nicht selbstverständlich, sondern allzu oft die Ausnahme. Kompetenz, Sicherheitsdenken, Respekt und verantwortliches Handeln muss man oft suchen, übrigens nicht nur bei den Amateuren und „Lernenden", sondern nicht selten auch bei Jenen, von denen gelernt wird.

Vor diesem Hintergrund liegt die Frage auf der Hand, wie es möglich ist, dass lernwillige Pferdeleute nach vielen Jahren, ja Jahrzehnten im gängigen reiterlichen Umfeld von Verein oder Reitbetrieb oder als Individualpferdehalter nicht einmal die einfachsten und wesentlichsten Grundlagen kontrollierten Umgangs mit Pferden erlernten. Noch fraglicher wird die Angelegenheit, wenn man sieht, dass solche Menschen bei entsprechender Anleitung oft sehr gute Fortschritte in Theorie und Praxis machen und sehr dankbar reagieren, wenn man ihnen umsetzbare Anleitung für sicheren und harmonischen Umgang mit den Pferden vermittelt.

Die Antwort ist einfacher, als es auf den ersten Blick erscheint: den Freizeit- und Hobbyreitern steht ein Lehrsystem zur Verfügung, das für ambitionierte Leistungssportreiter und Anhänger der klassischen Reitkunst maßgeschneidert ist, den durchschnittlichen Freizeitreiter mit seinen Mög-

Freizeitreiterinnen und Reiter sehen in ihren Pferden Partner und bringen ihnen viel Zuneigung entgegen.

Systematischer Umgang vom Boden aus ist Voraussetzung für eine harmonische Beziehung zwischen Mensch und Pferd.

lichkeiten jedoch überfordert. Spricht man mit Fachleuten, die an der Basis unterrichten, so wird deutlich, dass Angstgefühle der Reitschüler ein wesentliches Problem darstellen. Diese Situation, die allerorten so offensichtliche Disharmonien verursacht und risikobehaftete Situationen für Mensch und Tier hervorbringt, müsste nicht so sein.

Den Freizeit- und Hobbypferdeleuten müsste nur ein anderes, ihren tatsächlichen Bedürfnissen und Bedingungen angepassteres Lehrsystem angeboten werden, den Umgang mit den Pferden und das Reiten auf natürlichen Grundlagen zu erlernen und zu verbessern. Dieses System sollte darauf Rücksicht nehmen, dass die überwiegende Mehrheit aller Freizeitreiter niemals die Voraussetzungen und den Wunsch hat, um qualifizierten Leistungssport mit Pferden und schon gar nicht Reitkunst im klassischen Sinne zu betreiben. Eine einfache und solide Form des „Gebrauchsreitens" wäre den Bedürfnissen dieser Pferdefreunde viel angemessener. Gebrauchsreiten als Focus der Überlegungen und als Grundlage täglichen Umgangs mit dem Pferd, dieses Thema sollte wieder belebt werden.

„Mit alten und bewährten Mitteln und Methoden zu neuen Zielen", so könnte die Devise lauten.
Dazu möchte ich in diesem Buch Denkanstöße geben und auch ganz praktisch in Form von Übungen vom Boden und vom Sattel aus anwendbare Möglichkeiten aufzeigen. Mir ist selbstverständlich bewusst, dass man mit den Möglichkeiten eines solchen Buches nicht das praktische Reiten und die Pferdeausbildung in vollem Umfang vermitteln kann. Doch viele der Anregungen und praktischen Anleitungen können in vorhandene Trainings- oder Unterrichtseinheiten integriert werden.

Ich habe dieses Buch besonders für Pferdebesitzer geschrieben, die zwar reiten, aber noch häufig Missverständnisse mit ihren Pferden haben. Deren Pferde manchmal nicht so zu kontrollieren sind, wie es zweckmäßig wäre und bei denen die Harmonie zwischen Reiter und Pferd noch verbesserungsfähig ist. Die praktischen Übungen, wie ich sie im Folgenden beschrieben habe, haben sich in Kursen und Seminaren bewährt und vielen Reitern mit ihren Pferden eine neue Perspektive eröffnet. Sie sind hervorragend für autodidaktisch arbeitende Reiter geeignet und ergeben ein Konzept, dem man Schritt für Schritt folgen kann.

Freizeitreiten heute – so war es früher

Freizeitreiten
Sportlich ambitionierte Reiter und Erholungsreiter haben unterschiedliche Interessen.

Die Deutsche Reitlehre FN
Eine Sportreitlehre stellt die Gymnastizierung des Pferdes in den Vordergrund.

Pferdeerziehung
Methoden der Pferdeerziehung gerieten in der Ausbildung in Vergessenheit.

Die Kampagne-Schule
Die vergessene Militärische Gebrauchsreiterei, in der Heeresdienstvorschrift (HDV 12) zusammengefasst, bot ein praktisches Ausbildungskonzept.

Die Western Horsemanship
Die Arbeitsreitweise der Kalifornischen Vaqueros hat dem Freizeitreiter von heute viel zu bieten.

Rückblick

Um besser zu verstehen welche Entwicklungen dazu führten, dass heute durchaus einige Missstände in der Reiterei zu beklagen sind, ist ein kurzer Ausflug in die Vergangenheit sinnvoll.

Freizeitreiten auf breiter Basis, Reiten zum Vergnügen also, wie es heute von etwa 1,8 Millionen Menschen in Deutschland betrieben wird, ist eine relativ „moderne" Erscheinung. Ein Freizeitreiter ist jeder Reiter, der nicht aus beruflichen oder gewerblichen Gründen reitet. Diese Art der Freizeitgestaltung mit Pferden auf breiter Basis begann erst nach dem Zweiten Weltkrieg in Reit-

Der größte Teil aller Reiterinnen und Reiter betreibt Reiten als Freizeitgestaltung. Die Erholung vom Berufsstress ist dabei ein wichtiges Motiv.

sportvereinen und setzte sich in den sechziger Jahren des vorigen Jahrhunderts dann bei breiten Bevölkerungsschichten und in nicht organisierten Bereichen fort. Seit dieser Zeit sind stetige Zuwächse sowohl bei der reitenden Bevölkerung als auch bei den Pferden zu verzeichnen.

Vor dem Zweiten Weltkrieg wurde zweckfreies Reiten hauptsächlich von einer bürgerlichen Mittelschicht in den größeren Städten praktiziert. Turniersportreiten in den Disziplinen Springen und Dressur wurde staatlich gefördert, jedoch hauptsächlich von Kavallerieoffizieren betrieben, und es gab einige wenige Reiter, die in Anlehnung an klassische Prinzipien die Reitkunst im Sinne „Alter Meister" zelebrierten. Diese Form der Reiterei war rar und nur Wenigen vorbehalten. Ansonsten gab es auf breiter Basis nur das militärische Gebrauchsreiten.

Nach dem Zweiten Weltkrieg wurde die Sportreiterei im ländlichen Bereich nur in kleinen Zahlen in den Vereinen weitergeführt. Vor dem Hintergrund drastisch zurückgehender Zahlen in der Pferdepopulation kam es zu einer Bewegung: „Das Pferd muss bleiben". Diese Kampagne bewirkte eine Trendwende. Anfang der siebziger Jahre waren es etwa 200.000 Reiter, die das Reiten als Hobby zum Vergnügen oder mit sportlicher Zielsetzung betrieben. Doch dann setzte ein Boom ein, der seinen Höhepunkt bisher immer noch nicht erreicht hat.

> **TIPP**

Pferde und Reiter in Zahlen

Von den organisierten Reiterinnen und Reitern sind nur ca. 90.000 Turnierreiter im Leistungssport engagiert und ca. 50.000 vornehmlich weibliche Jugendliche nehmen an Einsteigerwettbewerben teil. In mehr als 7.000 Reitvereinen, ca. 10.000 Reitbetrieben und in Privathaltung befinden sich mehr als 1,3 Millionen Pferde und Ponys unterschiedlichster Rassen. Nur etwa 150.000 Pferde werden gelegentlich oder regelmäßig auf Turnieren im sportlichem Leistungswettbewerb eingesetzt. Aus diesen Zahlen ergibt sich, dass nicht mehr als 10 bis 15 % aller Pferde und Ponys und etwa ein gleicher Prozentsatz aller Reiterinnen und Reiter dem sportlichen Aspekt des Reitens im weitesten Sinne zuzuordnen sind. Der Rest der Pferde wird von Reiterinnen und Reitern genutzt, die „Erholungsreiten" und Pferdehaltung aus anderen Motiven betreiben. 85 bis 90 % aller Freizeitreiter haben also keine leistungssportlichen Ambitionen.

Derzeit sind ca. 760.000 Reiterinnen und Reiter in Vereinen der Deutschen Reiterlichen Vereinigung (FN), einer Abteilung des Deutschen Sportbundes, organisiert, eine mindestens ebenso große Gruppe von Reitern ist in anderen Organisationen oder überhaupt nicht organisiert.

Als Grundlage der "Deutschen Reitlehre" diente die Heeresdienstvorschrift (RV 12/HDV 37). Die Lektionen mit hoher Versammlung wurden hinzugefügt.

Ein bewährtes Ausbildungssystem

Getrennte Ausbildungssysteme

Nach dem Zweiten Weltkrieg übernahm die Deutsche Reiterliche Vereinigung (FN) als Fachorganisation des Deutschen Sportbundes die Betreuung der Sportreiterei. Zur Anleitung im Reitunterricht in den Vereinen und zur Durchführung von „Leistungsprüfungen" auf Turnieren verfasste sie eine „Deutsche Reitlehre" in Form der „Richtlinien für Reiten und Fahren".

Dies war eine abgewandelte Form der militärischen Reitvorschrift HDV 12, in der die Pferde- und Reiterausbildung in den militärischen Einheiten bis zum Zweiten Weltkrieg geregelt war. Die Verantwortlichen der FN in dieser Epoche der Neugestaltung übernahmen nur solche Inhalte aus der HDV 12, von denen sie glaubten, diese ließen sich mit der Zielsetzung einer Vorbereitung von Pferd und Reiter für die **Turnierprüfungen** gut verknüpfen. Zusätzlich übernahm man in die entsprechenden Richtlinien der Reitlehre insbesondere mit Blick auf die so genannten **Dressurprüfungen den Ansatz, die Ausbildung nach „klassischem Ideal" mit dem Ziel höherer Versammlungsgrade** der Pferde bis hin zur Piaffe durchzuführen.

Diese Verknüpfung von zwei in ihren Anforderungen an Pferd und Reiter sehr unterschiedlichen Formen der Pferdedressur oder -ausbildung, der **Kampagnereiterei** und der **„Hohen Schule",** hatte es so zuvor noch nie gegeben. Ganz im Gegenteil: In der Tradition der **Kampagnereiterei,** so wurde die militärische Gelände- und Gebrauchsreiterei in Europa auch genannt, wurde stets klar zwischen der gebrauchsorientierten „Kampagneschule", auch als „Grundschule" bezeichnet, und der „Hohen Schule" mit ihren sehr viel höheren Anforderungen unterschieden.

Nur einer Offiziers-Elite war das Privileg gewährt, sich in der Thematik der „Hohen Schule" zu üben, um an internationalen

Vergleichswettkämpfen teilzunehmen. In Deutschland wurde dieser Leistungskader an der berühmten Kavalleriereitschule in Hannover geschult.

Die HDV 12 selbst verwies in der Definition des Ausbildungszieles der Militärpferde eindeutig auf eine **Trennung** zwischen „Kampagneschule" und „Hoher Schule".

Eine weitere, wesentliche Abweichung zwischen der HDV 12 und den „Richtlinien für Reiten und Fahren" der FN war der Umstand, dass in der HDV 12 auf die **Erziehung der Pferde** als Grundlage für eine spätere **Gymnastizierung** großer Wert gelegt wurde. Das fertig ausgebildete Militärreitpferd sollte auf leichteste Hilfen und zeitweilig in einhändiger Zügelführung kontrolliert werden können.

Die gesamte Ausbildung der Reiter war durch das Bestreben gekennzeichnet, eine **leichte, dauerhafte, gefühlvolle Verbindung** der Hände per Zügelkontakt mit dem Gebiss zum Maul zu erreichen und zu erhalten. Diese Art des **Maulkontaktes** wurde und wird als **Anlehnung** bezeichnet. Mit ihrer Hilfe und den entsprechenden Schenkel- und Sitzeinwirkungen sollte das Pferd eine dauerhafte Selbsthaltung unter dem Reiter erlernen und beibehalten, die **Gebrauchshaltung**. Richtungsänderungen, Wendungen und Gangart- und Tempowechsel wurden vor allem durch die **Sitz- und Schenkelhilfen** aktiv eingeleitet. Die Zügelhilfen hatten einen **passiven** Charakter.

> **INFO**
>
> ## Die Heeresdienstvorschrift 12:
>
> *„Ziel und Grundsätze der Dressur."*
> *„Um alle Anforderungen ... erfüllen zu können, bedarf das rohe Pferd planmäßiger, gymnastischer Durchbildung seines Körpers und sorgsamer Erziehung. Beides zusammen nennt man Dressur."*
>
> *Das Ausbildungsziel war klar umrissen: „Die Gebrauchshaltung bildet die Regel ... In ihr soll das Pferd mit schwungvollen, geräumigen Tritten und federndem Rücken, losgelassenem Genick ... leicht am Zügel stehen und sich in zwanglosem Gehorsam ... selbst tragen."*
>
> *„Die richtige Erziehung der jungen Remonte ist ausschlaggebend für deren spätere Eignung. Jeder Anlass zum Ungehorsam ist zu vermeiden, damit es nicht zu Kämpfen mit dem Reiter kommt." „Das Pferd muss lernen, im Gelände sowohl allein wie in der Nähe anderer in Bewegung befindlicher Pferde ruhig zu stehen, besonders beim Auf- und Absitzen. Der Herdentrieb, anfänglich bei der Ausbildung der Gehlust ausgenutzt, ist später dauernd zu bekämpfen."*
>
> *„Das Endziel (der Ausbildung) ist erreicht, wenn das Pferd von einem Durchschnittsreiter leicht in der Gebrauchshaltung zu reiten ist und im Gelände alleingehend sicher beherrscht werden kann."*
> *„Die Dressurhaltung ... darf vom Pferde nur im Halten oder in versammelten Gängen **kurze Zeit** gefordert werden."*

Ein bewährtes Ausbildungssystem | 19

Nach den Richtlinien der FN soll ein Pferd mit Trense in der abgebildeten Form geführt oder an der Hand vorgestellt werden.

Was sagt die „Deutsche Reitlehre" der FN?

In den Richtlinien der FN heißt es im vergleichbaren Kapitel „Dressurausbildung (Grundschulung)":
„Wird von der „Ausbildung des Pferdes" gesprochen, darf darunter keinesfalls ein Abrichten verstanden werden. Vielmehr ist die Ausbildung eine systematische Gymnastizierung, bei der es darum geht, das Pferd so-

wohl in körperlicher als auch in psychischer Hinsicht zur vollen Entfaltung seiner natürlichen Möglichkeiten zu bringen und es zu einem gehorsamen, angenehmen und vielseitig ausgebildeten Reitpferd zu machen".

Die Rolle der Erziehung bei der FN

Ob es ursprünglich so gewollt war oder nicht, das ist heute nicht mehr nachzuvollziehen. Tatsache ist, dass diese Grundsatzklausel in der „Deutschen Reitlehre" eine entscheidende Folgewirkung nach sich zog. Seitdem sie als Grundlage für die Reiter- und Pferdeausbildung dient, wurden mehrere Generationen von Pferdeleuten in deutschen Reitvereinen und Reitställen angeleitet, das Ziel des **gehorsamen**, angenehmen und vielseitigen Reitpferdes nur noch auf dem Wege der **Gymnastizierung** zu erreichen. Die deutliche Ausklammerung des „Abrichtens" (das Wort ist eine andere Definition von „Erziehung von Tieren") hat den Eindruck vermittelt, Erziehung sei nicht gewollt. Und entsprechend findet man auch keine strukturierte Anleitung zur **richtigen oder sinnvollen Erziehung** von Pferden in den „Richtlinien". Zwar wird die Kernaussage in dem Kapitel „Grundausbildung des

Pferde sind Flucht- und Herdentiere. Zur Gefahrenminderung müssen ihre natürlichen Verhaltensweisen durch systematische Erziehung verändert werden.

Pferdes" wieder etwas mit den Worten relativiert:

„Durch Gewöhnung, sorgsame Erziehung und Gymnastizierung werden die natürlichen Anlagen des Pferdes erhalten, verbessert und für den Reiter in bestimmten Situationen nutzbar gemacht. Die dressurmäßige Ausbildung dient hierfür als Grundlage. Sie ist die Voraussetzung für die weitere Ausbildung in allen reiterlichen Disziplinen."

Die Betonung auf der dressurmäßigen Ausbildung durch Gymnastizierung bleibt aber erhalten.

Die Gründerväter der Deutschen Reiterlichen Vereinigung hatten sich sicherlich Gutes gedacht, als sie die Änderungen vornahmen. In der damaligen FN-Philosophie ging es ausschließlich um den **leistungssportlichen Aspekt** der Pferdezucht und Reiterei. Zudem wollte man so kurz nach dem Krieg alles „Militärische" ausklammern. Und eine Freizeitreiterbewegung, wie sie erst zwanzig Jahre später einsetzte, war noch nicht abzusehen. Man formulierte eine neue **Sportreitlehre mit hohem Anspruch**. Der Begriff **„Reitkunst"** wurde zum Maßstab der Dinge erhoben. Das Reiten auf dem **Reitviereck** wurde zum **Standard**. Das Ziel dieses Verbandes lautete zu dieser Zeit nicht, einer Massenbewegung von durchschnittlichen Reitern eine vereinfachte, aber sichere Reitweise anzubieten und schlichte Gebrauchspferde zu züchten. Man zielte auf die Bildung und Förderung einer Sport-Elite ab.

Der Freizeitreiter-Boom

Als dann jedoch der Boom in der Hobby- und Freizeitreiterei einsetzte, da hatte man zwar eine international erfolgreiche Sportpferdezucht und Sportreiterei und eine gute Reitlehre, **die diesem Ziel** zuarbeitete, doch die Inhalte der **Gebrauchsreiterei** der militärischen Kampagneschule waren in Vergessenheit geraten, und durch das Verhalten einer bestimmten Kategorie Reitlehrer mit „Kommisston" hatte die Militärreiterei einen schlechten Ruf bei Reitschülern bekommen.

Viele „Durchschnittsreiter" in der Freizeitreiterei hätten aber vermutlich ein gut erzogenes, gehorsames, in Selbsthaltung gehendes, zuverlässiges Freizeitpferd gern zur Verfügung gehabt, das im Gelände und der Reitbahn gleichermaßen das Reiten mit Freude möglich machte. Doch diese Pferde gab es nicht in ausreichender Zahl. Es gab weder ein **zielgerichtetes Ausbildungs-**

Die Westernreitweise zeigt es: Auch mit gebisslosen Zäumungen können Pferde zwangsfrei zu zuverlässiger und kontrollierter Mitarbeit ausgebildet werden.

system für Pferd und Reiter, das auf die Bedürfnisse und Möglichkeiten der **nicht leistungssportlich orientierten Freizeitreiter** abgestimmt worden wäre, noch existierten entsprechende Ausbilder oder eine Anleitung für diese Gruppe. In den organisierten Formen der Reiterei mit der entsprechenden Breitenwirkung gab es hauptsächlich die Perspektiven **Springsport** oder **Dressursport**. Auch der Reitunterricht hatte sich auf diese Zielsetzung eingestellt. Diese Fixierung auf die **Sportreiterei** und die „**Klassische Reitkunst**" im organisierten Bereich der Reiterei zu Beginn des Freizeitreiterbooms führte dazu, dass sich viele Reiter aus der Not heraus nach „alternativen Reitweisen" umschauten. Sie suchten auf diese Weise Lösungen für ihre alltäglichen Probleme im Umgang mit den Pferden und sie suchten nach Reitanleitung, die auf ihre Situation zugeschnitten war. Eine dieser Alternativen war die **Westernreitweise**, die aus den USA über den Atlantik herüberkam und sofort Anhänger fand. Dies war nun eine „**Arbeits- und Gebrauchsreitweise**", bei der Erziehung und Gymnastizierung gleichermaßen zur Ausbildung gehörten. Zwar hatte sie in den USA neben der immer noch praktizierten Ranchreiterei auch eine Spezialisierung in Richtung Turniersport erfahren, doch in den Anfängen hatte dieser Aspekt in Deutschland nur nebensächlichen Charakter. Diese Reitweise eröffnete Perspektiven für einen **praktischen** und **sicheren** Umgang mit dem Pferd, wie ihn viele Pferdebesitzer anstrebten. Das Image dieser Reitweise war aber zunächst angekratzt, da die vielen Hollywood-Western ein Bild vom „Wilden Westen" und der „Westernreiterei" in den Köpfen vieler Pferdeleute hinterlassen hatte, das sehr negativ geprägt war. Dass diese „Hollywood-Inszenierungen" mit der Realität wenig zu tun hatten, wurde niemandem wirklich bewusst. Doch Hollywood sollte diesen Nachteil etwa 25 Jahre später wieder gutmachen. Mit dem Film „Der Pferdeflüsterer" setzte sich eine neue Welle durch, nämlich die der „**Horsemanship-Bewegung**". Zwar war unter dem Begriff „**Western** oder **Natural Horsemanship**" schon lange eine Art der Pferdeerziehung

Die Grundlagen der Erziehung werden an der Hand erarbeitet.

Knotenhalfter und Leitseil haben sich für diese Arbeit besonders bewährt.

praktiziert worden, die mit sehr humanen Methoden eine **systematische Individual-Erziehung** von Pferden bezweckte. Diese Methode war aber nur einigen interessierten „Insidern" in Deutschland bekannt. Mit Hilfe dieses Filmes, einiger „Gurus", die sich medienstark einem breiten Publikum präsentierten und weil einige Praktiker diese Methode demonstrierten und erläuterten, rollte nun eine positive **Image-Kampagne** über das Land. Unabhängig von der Natural-Horsemanship Bewegung hatte sich das Westernreiten in Deutschland inzwischen hauptsächlich als Turniersport etabliert und orientierte sich an der Turniersport-Industrie in den USA. Die Verbände und Organisationen, die diese Reitweise in Deutschland repräsentierten, konzentrierten sich ausschließlich auf den leistungsportlichen Aspekt. Damit wurden die Bedürfnisse der nicht leistungssportlich orientierten „Westernreiter" wiederum zurückgestellt. Diese orientierten sich nun ebenfalls an den Inhalten der Horsemanship-Philosophie.

Neue Trends

Zum Glück erkannten die Verantwortlichen in der FN die Notwendigkeit, für die große Zahl ihrer Verbands- und Vereinsmitglieder, die nicht am Leistungssport orientiert sind, passende Programme anzubieten. In den letzten Jahren wurden deutliche Anstrengungen unternommen, den Bedürfnissen in der Freizeitreiterei auch mit entsprechenden Ergänzungen in den Richtlinien der offiziellen Reitlehre Rechnung zu tragen. Diese Tendenz ist sehr zu begrüßen und wird sicherlich auch noch weitergeführt werden.

Mir erscheint es sinnvoll, sich in diesem Zusammenhang mit den Inhalten verschiedener **Gebrauchsreitweisen** und deren Lehren eingehender zu befassen. Dort sind erprobte und bewährte Lösungsansätze zu finden.

Insbesondere bieten sich dafür zwei Reitweisen an, die bei genauerem Hinsehen

Western Horsemanship und Kampagne-Schule verfolgen ein gemeinsames Ziel: ein zuverlässiges, leichtrittiges, in Selbsthaltung gehendes Geländepferd.

viele Berührungspunkte und Parallelen aufweisen, auch wenn man das zunächst gar nicht vermutet: Die Kampagnereitweise und die Western-Horsemanship Methode.

Bei beiden war die Ausbildung gelassener, sicherer, zuverlässiger und leichtrittiger in Selbsthaltung gehender (Gelände-)Reitpferde das Ziel, die von Reitern mit nur durchschnittlichen Fähigkeiten und Begabungen zu reiten waren. Beide Reitweisen hatten eine vereinfachte Hilfengebung, die zumindest zeitweilig eine einhändige Zügelführung ermöglichte, zum Ziel.

Natürlich lassen sich nicht alle Abläufe und Methoden der Jungpferdeausbildung und Reiterschulung zu 100 % übernehmen. Doch vieles lässt sich für die nicht leistungssportlich orientierte Freizeitreiter- und Pferdeausbildung heute verwenden. Diese beiden Reitweisen, die Kampagnereitweise des Militärs und die Western-Horsemanship Methode der Rancher und Viehhirten in den USA bieten sehr viele gute Ansätze.

> **INFO**
>
> ## Wo wurde in der Kampagnereiterei ausgebildet?
>
> *Die HDV 12 beginnt in Teil A mit der Grundsatzforderung:*
> „Im Verlauf der sechsmonatigen (Grund-)Ausbildung müssen sich Unterricht in der Bahn bzw. auf dem Reitplatz und im Gelände ergänzen. Sooft wie möglich muss der Unterricht … ins Gelände verlegt werden. Dort werden Reiter und Pferd auf langen Linien und über unebenem Boden ausgebildet. Diese Unterrichtsform ist für Rekruten (Reitanfänger) und Remonten (Jungpferde) besonders wichtig."
> Diese Erkenntnis ist im heutigen Alltag der Jungpferdeausbildung und der Reiterschulung weitestgehend ausgeblendet.

Die Grundlagen der militärischen Pferde- und Reiterausbildung sind für heutige Freizeitreiter wieder wertvoll und nützlich.

> INFO

Worauf sollte der militärische Reitlehrer Wert legen?

Die HDV 12 sagt dazu:
*„Im Vordergrund der Arbeit steht die Losgelassenheit bei Reiter und Pferd. Erst wenn diese erreicht ist, dürfen Übungen in der Versammlung vorgenommen werden.
Ein Aneinanderreihen vieler schwieriger Übungen ruft beim Reiter Steifheit hervor und veranlasst ihn, sich festzuziehen."*
Beim Reitunterricht sollte er kurze Anweisungen geben. Für längere „Belehrungen" gab es speziellen Unterricht, z.B. mit einem gesattelten und gezäumten Pferd als Anschauungsobjekt in der Reitbahn. Waren während des Unterrichts Erklärungen notwendig, so versammelte der Lehrer die Schüler, auch abgesessen, um sich herum.
„Eine frische, abwechslungsreiche, jedes Schema vermeidende Lehrart schafft aufmerksame, selbsttätige und passionierte Schüler, eine Vorbedingung für einen erfolgreichen Unterricht. Überlautes Kommandieren und viel Sprechen stumpfen ab. Lob und Anerkennung fördern die Ausbildung oft mehr als Tadel."
Der Reitlehrer sollte auch „Erzieher" sein. Er musste bei seinen Schülern „Sinn für das Pferd und seine Eigenschaften" entwickeln. Die Wahrung der „militärischen Haltung" wurde nur soweit beachtet, wie sie nicht das eigentliche Ziel in Frage stellte: „den Schüler zur vollen Geschmeidigkeit" auszubilden. Erst nach und nach wurde an den aktiven reiterlichen Einwirkungen gearbeitet.
Dazu heißt es: *„Ohne das Ziel der Erhaltung der Geschmeidigkeit aus den Augen zu verlieren, muss der Reitlehrer bei der weiteren Ausbildung mehr auf Genauigkeit der Hufschlagfiguren, Beherrschung des Pferdes in allen Lagen, auch bei Ungehorsam ... größeren Wert legen. Der Reiter muss jetzt dazu erzogen werden, Fehler des Pferdes ... selbstständig durch Anwendung der entsprechenden Hilfen zu verbessern. Der Umstand, dass der Schüler in der Reitbahn in seiner Haltung noch verbessert werden kann, darf nicht dazu führen, hierin das einzige Ziel der Ausbildung zu sehen. Vielmehr liegt der Schwerpunkt der Ausbildung nunmehr darin, das Erlernte im (täglichen) Gebrauch zu erhalten und im Gelände zur Anwendung zu bringen".*
Am Ende der Ausbildung sollten die Reiter in der Lage sein, auch längere Strecken in einhändiger Zügelführung zu reiten.

Der Pferdetrainer Ray Hunt verbreitet seit mehr als vierzig Jahren in Horsemanship-Seminaren seine Lehre.

„Natural Western Horsemanship"

In den 60er Jahren begann ein Pferdetrainer namens Ray Hunt aus Kalifornien, überall im Lande „Clinics" (Seminare, Workshops) anzubieten, in denen er demonstrierte, wie junge Pferde möglichst gewalt- und stressfrei „gestartet", also angeritten werden können.

Er hatte sich von dem Rancher und Pferdemann Tom Dorrance inspirieren lassen und vermittelte dessen Ideen und Praktiken. Viele Trainer und Horsemen übernahmen das Gedankengut und entwickelten es zum Teil individuell weiter. Auf diese Weise setzten immer mehr Pferdeleute diese Ideen einer humanen Grundausbildung um, die darauf gründete, mit dem Pferd über Körpersprache zunächst eine Verständigungsebene zu schaffen und dann Lernsituationen zu gestalten, die das Pferd motivierten, die gewünschten Verhaltensänderungen zu vollziehen. Verhaltensprobleme wurden nicht bekämpft und mit Gewalt unterdrückt, sondern die mentale und physische Energie des Pferdes wurde schlichtweg **auf positive Bahnen umgelenkt**. Dieses Konzept vermittelte Ray Hunt seinen Schülern mit den Worten: „Mache dem Pferd das gewünschte „richtige" Verhalten leicht und bequem, das unerwünschte, „falsche" schwierig und unbequem." Durch seine Seminartätigkeit inspirierte und beeinflusste er überall in den USA Pferdeleute, Profis und Freizeitreiter. Einige entwickelten auf diesen Grundsätzen basierende, eigene Methoden und Lernprogramme für Pferdebesitzer und Reiter. Allen diesen Systemen ist die Erkenntnis gemeinsam: Ohne „gute Manieren" des Pferdes im Umgang vom Boden aus wird es auch beim Reiten immer wieder Probleme geben.

> **CHECK**

Die wesentlichen Ziele für Pferdebesitzer und Reiter:

- Lerne das Wesen des Pferdes zu verstehen und zu respektieren.
- Mache dich in seiner Sprache, der Körpersprache, verständlich und erwarte nicht, dass es menschliches Verhalten annimmt.
- Gewinne das Vertrauen durch pferdeverständliches Verhalten.
- Lehre es, Grenzen, die der Mensch setzt, zu respektieren.
- Unterdrücke das Bewegungsverhalten nicht, sondern gib ihm Richtung und Rahmen.
- Kontaktdruck und Nachgiebigkeit dienen als Mittel zur Verständigung.
- Gelingt die Verständigung ohne Missverständnisse, so führen angemessene Forderungen zu williger und unverkrampfter Mitarbeit.
- Der Reiter sucht die dynamische Balance mit dem Pferd, sein Bestreben ist, es nicht zu behindern, zu irritieren oder zu stören.

„Freizeitreiter" oder „Breitensportler" haben andere Motive als Turniersport-Reiter.

Viele Elemente dieser Methode waren spezifisch auf die Zielsetzung des Westernreitens ausgerichtet und so werden sie von konventionell reitenden Reitern als nicht umsetzbar angesehen und finden in der alltäglichen Praxis noch immer zu wenig Berücksichtigung. Dabei kann man einige Parallelen zur Erziehungsarbeit der Kampagneschule feststellen.

Eine einheitliche, schriftliche Konzeption dieser Methode gibt es nicht. Die einzelnen Ausbilder setzen individuelle Akzente. Die Erziehungsphasen und die reiterliche Schulung der Pferde werden mit unterschiedlichen Schwerpunkten umgesetzt. Die Erziehungsphase nimmt normalerweise nur einige Tage in Anspruch, kann sich aber auf Wochen ausdehnen, das kann je nach Ausbilder unterschiedlich sein.
Zu diesem Zweck wird vom Boden aus gearbeitet.

Die Reiter von heute

Nur 10 bis 15 % aller Reiter sind turniersportlich ambitionierte Reiterinnen und Reiter in den verschiedenen Reitweisen oder so hoch qualifiziert, dass sie die „Hohe Schule der klassischen Reitkunst" praktizieren könnten. Die bei weitem größte Gruppe, „Freizeitreiter" oder „Breitensportler" genannt, hat eine eindeutig andere Motivation. Diese Menschen betrachten den Umgang mit Pferden als eine naturnahe

Freizeitgestaltung und Lebensart mit einer entsprechenden Philosophie. Sie möchten auch im Gelände mit ihren Pferden reiten. Sie legen Wert auf kontrolliertes Verhalten und natürlichen Umgang mit den Pferden. Erziehung, Gymnastizierung und Ausbildung sollen nur in dem Maße stattfinden, wie es zur Gesunderhaltung von Pferd und Reiter nötig ist und der Kontrollierbarkeit dient.

Für eine weitere Gruppe gilt die Betreuung und Versorgung der Pferde als Hauptmotiv, das Reiten steht erst an zweiter Stelle oder wird gar nicht praktiziert. Für alle sollte der wichtige Aspekt im Vordergrund stehen, Risiken möglichst zu vermeiden.

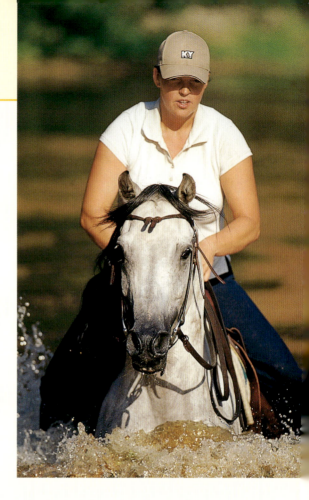

Reiten und der Umgang mit Pferden gilt allgemein als eine risikoträchtige Betätigung. Der Umgang mit Pferden und das Reiten sind aber nur in dem Maße unfallträchtig, in dem unerzogene Pferde sich unkontrolliert verhalten und Reiterinnen und Reiter, die ihre eigenen Fähigkeiten überschätzen, die Grundregeln vernünftigen Handelns missachten.

Der alte Grundsatz: **„Erfahrene Reiter auf unerfahrene Pferde und unerfahrene Reiter auf gut geschulte, zuverlässige Pferde"** findet leider auf breiter Basis keine Anwendung mehr.

Die Grundausbildung für Freizeitreiter und -pferde

Viele Pferdebesitzer haben in diesem Sinne keine sinnvolle Freizeitreiterausbildung genossen, auch deshalb, weil es keine „Freizeitreitlehre" gibt. Viele Pferde werden geritten, obwohl sie keine solide **Grundausbildung als Freizeitpferd** bestehend aus Erziehung, Gymnastizierung und Gebrauchsroutine genossen haben.

Zwei Reitsysteme können traditionell genau diese Bedürfnisse abdecken, die Kampagneschule und Western Natural Horsemanship.

Was lag also näher, als aus diesen beiden in weiten Bereichen vergleichbaren Reitsyste-

Freizeit- und Geländepferde müssen eine zweckmäßige Ausbildung und Erziehung erfahren, damit sie sicher und kontrollierbar in allen Situationen werden.

men eine Synthese zu bilden, die auf die Bedürfnisse heutiger Freizeitreiter abgestimmt ist und unter den Rahmenbedingungen dieser Klientel auch umgesetzt werden kann. Aus dieser Erkenntnis heraus habe ich die wesentlichen Komponenten zur Erziehung und zur Gymnastizierung aus diesen beiden Systemen ausgewählt, die universell angewandt werden können, sich ergänzen und zum Ziel führen.

Sie sind für Freizeitpferde unterschiedlicher Rassen und unabhängig von der Ausrüstung anwendbar. Sie können autodidaktisch erarbeitet werden und erfordern nur einfaches, reiterliches Verständnis und Können. Man kann später auf dieser Grundlage aufbauen und in unterschiedlichen Reitweisen spezialisiert weiterarbeiten, ohne dass die Grundausbildung ein Hindernis wäre. Ganz im Gegenteil, sie ist so universell, dass eigentlich jedes Reitpferd über diese Grundlagen verfügen sollte, denn sie fördert Sicherheit und Harmonie.

Es scheint also ganz einfach: Wer ein gut erzogenes Pferd harmonisch reiten möchte, für den gibt es Lösungen. Jetzt bedarf es nur noch einer nüchternen und sachlichen Aufarbeitung des Themas, und schon sind viele Probleme lösbar. Aber Pferdeleute entscheiden selten nüchtern und sachlich. Modetrends, Grundeinstellung und Gefühle bestimmen das Handeln häufig. Welche Umstände sind es, die unterschiedliche Grundeinstellungen formen und prägen?

Mit der richtigen Einstellung zur Harmonie

Motivation
Sucht ein Mensch hauptsächlich Anerkennung und Bestätigung oder möchte er sein Harmoniebedürfnis befriedigen?

Verhalten
Der Mensch sollte die geistige Führerschaft anstreben, Körperkontakt dient dabei als Verständigungsmittel.

Sicherheit
Überlegtes Handeln der Menschen und sorgfältige Erziehung der Pferde vermeiden Risiken und Gefahren.

Individualbeziehung
Auf der Basis des natürlichen Sozialverhaltens von Pferden kann der Mensch Respekt und Autorität erwerben.

Verhaltensmuster
Instinktives Verhalten kann durch Lernsituationen in das gewünschte Reitpferdeverhalten umgewandelt werden.

Fröhliche Gesichter und zufriedene Pferde sind in der Reiterei nicht selbstverständlich. Der Umgang mit Pferden ist auch eine Persönlichkeitsschule.

Die Hauptmotive der Reiter

Bei Freizeitreitern und -reiterinnen, unabhängig vom Zweck ihrer Aktivitäten, findet man nach meiner Erfahrung in der Regel zwei **Hauptmotive**:

Der aktive und ehrgeizige Typ (häufig mit Repräsentations- oder Turnierambitionen) neigt dazu, seine tatsächlichen, aktuellen eigenen physischen Fähigkeiten und die seines Pferdes zu überschätzen. Den geistigen Fähigkeiten seines Pferdes misstraut er und grenzt sie ein. Er fordert mehr als er selbst und sein Pferd mit Leichtigkeit leisten können. Er verfolgt hochgesteckte Ziele, die er möglichst bald erreichen möchte. Das Hauptmotiv ist in der Regel das Streben nach **Anerkennung, Bestätigung und Aufmerksamkeit.**

Der unsichere und unentschlossene Typ nimmt sich stets zurück, er unterschätzt die eigenen Fähigkeiten. Er passt sich gern seinem Pferd an und fördert dessen Tendenz, selbst zu entscheiden. Er überschätzt oft die geistigen Fähigkeiten seines Pferdes und setzt hohe Erwartungen in dessen umsichtiges und loyales Handeln. Die Hauptmotivation ist die Befriedigung eines ausgeprägten **Harmoniebedürfnisses**.

Natürlich gibt es zwischen diesen beiden unterschiedlichen Kern-Motivationen noch verschiedene Mischformen und einige komplett anders gelagerte Interessen. Die wichtige Erkenntnis dieser Beobachtung lautet: Reiter spiegeln in ihrem **reiterlichen Verhalten** stets auch ihre Charaktereigenschaften und ihre Persönlichkeit wider. Die eigene Persönlichkeit kann aber nicht willkürlich verändert werden. Allenfalls kann es gelingen, unter kompetenter Anleitung Verhaltensweisen zu modifizieren und den Grad der Selbstdisziplin zu steigern. Jungen Menschen fällt das leichter als älteren mit gefestigter Persönlichkeit. Eine Veränderung ist stets nur als Reflektion der Umgebung möglich, das heißt der Mensch verändert seine Persönlichkeit als Ergebnis der tatsächlichen Erfahrungen, die er mit seiner Umgebung macht.

Daraus lassen sich folgende (drei) Rückschlüsse ziehen: Da man nur in sehr

Gute Ausbildung und Manieren sorgen unter Reitern und Pferden für ein harmonisches Miteinander.

begrenztem Umfang seine Persönlichkeit verändern kann, sollte man sich ein Tätigkeitsfeld suchen, das mit dem vorhandenen Persönlichkeitsprofil harmoniert.

Eine positive Weiterentwicklung der Persönlichkeit kann in der Regel nur stattfinden, wenn die Erfahrungen entsprechend positiv sind. Gute Beispiele und Vorbilder sind dabei besonders wichtig.

Nur aus Verständnis und Einsicht heraus ist eine dauerhafte Änderung der ursprünglichen Ansichten möglich.

Bei der Reiterei bewegt sich alles Denken, Empfinden und Handeln stets zwischen zwei Extremen: Man will das Beste für sein Pferd oder das Beste von seinem Pferd. Der Umgang mit dem Pferd, praktizierte Horsemanship also, gleicht stets einer Gradwanderung. Es ist ein „Balanceakt" zwischen diesen beiden Extremen. Je nachdem, wie ausgewogen dieser „Balanceakt" gelingt, kann man von „guter" oder „weniger guter" Horsemanship sprechen.

Auch jeder Freizeitreiter wird sich zu jeder Zeit seiner reiterlichen Entwicklung in diesem Dilemma befinden. Es ist gut, sich dessen frühzeitig bewusst zu sein, dann fällt es leichter zu akzeptieren, dass man sich wohl mit Kompromissen zufrieden geben muss.

Sind wir an diesem Punkt der Selbsterkenntnis angelangt, so stellt sich eine neue Frage:

> **> TIPP**
>
> ## Vier wichtige Erkenntnisse
> *Die erste und wichtigste Erkenntnis ist:*
> *Ich mache als Reiter und Pferdeliebhaber ständig „Fehler", es geht gar nicht anders.*
> *Die zweite Erkenntnis:*
> *Wenn es nicht zu vermeiden ist, Fehler zu machen, dann will ich aus ihnen lernen und sie möglichst wenig häufig wiederholen.*
> *Die dritte Erkenntnis:*
> *Mit zunehmender Erfahrung, mit Logik und einer Portion gesunden Menschenverstandes kann ich durch vorsichtiges und umsichtiges Handeln Fehler mit gravierenden Nachteilen für Mensch und Pferd vermeiden.*
> *Die vierte Erkenntnis:*
> *Wenn es mir als Folge dieser Einsichten gelingt, beim Umgang mit dem Pferd im „Hier" und „Jetzt" zu bleiben und damit meinen Realitätssinn weiter zu entwickeln, so hat das keinen Harmonieverlust zur Folge, sondern einen Harmoniegewinn.*

Am Leitseil und Knotenhalfter werden die Grundlagen der Verständigung und Erziehung mit dem Pferd erarbeitet.

Was ist mir wichtiger? Möchte ich vor allem eine Verbesserung der Harmonie zwischen Pferd und Mensch als ein Stück positiven Naturerlebnisses und erweiterter Selbsterfahrung erreichen oder stehen das Streben nach wirtschaftlichen Vorteilen, Prestigegewinn und Anerkennung durch Andere im Vordergrund?

Pferdegerechtes Verhalten leicht gemacht

Es sind also zwei unterschiedliche Philosophien im Umgang mit Pferden und Menschen, zwischen denen man sich früher oder später entscheiden sollte. Je eher ich diese Entscheidung ganz bewusst treffe, um so klarer kann ich mein Handeln entsprechend bestimmen. Um Ihnen diese Entscheidung zu erleichtern, liebe Reiterinnen und Reiter, möchte ich einen praktischen Bezug herstellen.

Die Natural Horsemanship-Bewegung wurde maßgeblich durch den amerikanischen Pferdeausbilder Ray Hunt vorangetrieben. Er prägte den Begriff des „Let it happen!" (man könnte es übersetzen mit: Lass' es geschehen! Lass' die Dinge sich entwickeln!). Er stellte diese Forderung der unter Pferdeleuten verbreiteten Praxis des „Make it happen!" „Force it!"(etwa: Mache es geschehen! Erzwinge es!) entgegen. Er propagierte: „Make the right things easy and the wrong things difficult!" (etwa: Mache das „richtige" Verhalten leicht und das „falsche" schwierig!)

Im Kern formulierte er mit einfachen Worten eine sanfte Erziehungs- und Ausbildungsmethode, bei der der Mensch durch umsichtiges Handeln **Lernsituationen** schafft, die dem Pferd die gewünschten Einsichten vermitteln. Er stellt auf der Ebene, auf der Pferde sich verständigen (Körpersprache, Gefühlshaltungen), eine Verständigungsgrundlage her.

Der Mensch gestaltet die Lernsituation, das Pferd bestimmt entsprechend seiner Persönlichkeit und seiner körperlichen Fähigkeiten das Tempo und den Umfang der Lernfortschritte.

Der Mensch übernimmt die **geistige Führerschaft** und beeinflusst von dieser Position aus das Pferd. Er kann so Motivation, Erkenntnis, Einsicht, Selbstbewusstsein und gewünschtes („richtiges") Handeln bei dem Tier fördern. Der Mensch nutzt bei diesem System seine eigenen intellektuellen Fähigkeiten, um eine dem Pferd zunächst

Was das Pferd an der Hand verstanden und gelernt hat, das wird unter dem Reiter weiterentwickelt.

unverständliche Forderung **verständlich** zu machen. Die Kampagne-Reiterei folgte dem gleichen Grundsatz, allerdings mit einem Unterschied. Während im Rahmen der „Natural Horsemanship" der Schwerpunkt mehr auf der **„Individualbeziehung"** zwischen einem bestimmten Pferd und einem bestimmten Menschen ruht, gründete die Praxis der Kampagne-Ausbildung zunächst mehr auf der **„Kollektiv-Beziehung"** zwischen einer Gruppe von Pferden im „Herdenverband", bei der der individuelle Mensch als Bezugsperson zunächst in den Hintergrund trat. Das „Natural Horsemanship" Konzept strebt an, beim Pferd gezielt **Erkenntnis** für Zusammenhänge zu bewirken, während die Kampagne-Ausbildung sehr häufig das **Gewöhnungsprinzip** im Kollektivverband anwendete. Beide Systeme basierten auf der Zielsetzung, **gewaltfrei** und auf möglichst **natürlichem** Wege zum Ausbildungsziel zu gelangen.

Dem gegenüber steht eine andere Praxis, die unter Reitern überall auf der Welt verbreitet ist und wohl überwiegend praktiziert wird. Dabei wird einerseits versucht, einem Pferd den menschlichen Willen durch mehr oder weniger subtile Formen der Einschüchterung und Gewaltanwendung **aufzuzwingen**. Zum anderen soll stoischer **Drill** gepaart mit fordernder, wenig einfühlsamer und häufig unpräziser Reittechnik zum Ziel führen. Diese Tendenz wird durch die Reduzierung allein auf die Gymnastizierung in der Ausbildung leider gefördert.

Solche Praktiken degradieren das Pferd zum willenlosen Sklaven, zum Bewegungsroboter und zum „beliebigen Versuchskaninchen", auf dessen natürliche Bedürfnisse und Befindlichkeiten keine Rücksicht genommen wird. Das Pferd wird zu einem Lustobjekt degradiert, über das man willkürlich verfügt, es wird versklavt.

Jeder Reiter und Pferdemensch sollte sich also darüber klar werden, wie er seine Prioritäten setzten möchte. Dabei kommt es nicht darauf an, welches Ideal er verbal für sich in Anspruch nimmt, sondern darauf, nach welchen Grundsätzen er **alltäglich** im Umgang mit den Pferden **handelt**.

Ich möchte den Weg zu einer respektvollen und verantwortungsvollen Individualbeziehung mit dem Pferd aufzeigen. Ein Weg, bei dem die **Verständigung** zwischen den beiden unterschiedlichen Lebewesen an erster Stelle steht. Erst in zweiter Linie rückt dann der Verwendungszweck als Reittier in den Vordergrund und ganz zuletzt geht es

Unter Pferden gehören körperliche Rangeleien und Attacken zum natürlichen Verhalten.

darum, bestimmte spezielle Leistungen anzustreben, die das Pferd unter dem Reiter zu vollbringen hat.

Sicherheit geht vor

Doch nicht nur der verantwortungsvolle und respektvolle Umgang mit dem Leben und der Gesundheit der Pferde verdient besondere Beachtung. Es gibt einen anderen Bereich, der mir besonders wichtig erscheint und der nur allzu häufig in allen Bereichen der Pferdehaltung und der Reiterei vernachlässigt wird. Es ist die **Sicherheit**. Reiten wird als eine sehr gefährliche „Sportart" eingestuft. Die hohe Zahl von mehr oder minder schweren Verletzungen und sogar immer wieder vorkommende Todesfälle scheint diese Aussage zu bestätigen. Doch die Statistiken zeigen auch deutlich, dass im Umgang mit dem Pferd mehr Personenschäden zu beklagen sind als beim Reiten

> **TIPP**
>
> ### Welche Gefahren gehen von einem Pferd aus?
> *Es gibt sechs wichtige Bereiche, auf welche die Erziehung einwirken sollte:*
> 1. *Herdentrieb*
> 2. *Rangordnungsrituale*
> 3. *Individualbereiche, Territorialverhalten*
> 4. *Fluchtverhalten*
> 5. *Ungeduld*
> 6. *Geschlechtsverhalten*

Durch systematische Erziehung wird der tägliche Umgang sicherer und einfacher.

Schon das Füttern aus der Hand kann Ursache für viele Verhaltensstörungen und gefährliche Angewohnheiten werden.

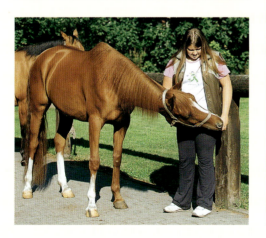

> **CHECK**

Welche Auswirkungen hat das Füttern aus der Hand auf die Sicherheit im Umgang mit dem Pferd?

Ein Thema, das die Emotionen unter Pferdeleuten anheizt und Anlass für viele Diskussionen gibt, ist das Füttern aus der Hand.

Nach meiner Erfahrung ist es in seiner sehr häufig praktizierten, unüberlegten Form Ursache für unendlich viele negative Verhaltensänderungen und -störungen bei Pferden. Es ist Ursache für so genannte Unarten mit schwer wiegenden Folgeschäden.

Ein Ausbilder, der dem Pferd ständig Leckerlis darreichen muss, damit das Pferd ihm gegenüber wohlgesonnen bleibt oder bestimmte Leistungen erbringt, ist ein schwacher Ausbilder.

Er wird sich niemals wirklich auf sein Pferd verlassen können. Weder geht das Pferd mit ihm eine echte und starke Individualbindung ein, noch ist es verlässlich in seiner Leistungsbereitschaft. Das Pferd tut, was es tut, weil es ein Leckerli erwartet. Es wird auf den konditionierten Fütterungsreiz seine erlernten Lektionen zeigen, ganz gleich, wer den Reiz auslöst. Doch wird es immer der Fütterung bedürfen, um die Motivation zu erhalten.

> CHECK

Sicherheit durch sorgfältige Erziehung

Es liegt in der Verantwortung des Menschen (Pferdebesitzers), das Tier so zu erziehen, dass es bestimmte, instinktive und natürliche Verhaltensweisen ändert, sobald es nicht mehr in der Herde ist, sondern im Umfeld des Menschen. Die wichtigste Voraussetzung für die Sicherheit im Umgang mit Pferden ist **deren sorgfältige Erziehung**.

Damit eine entsprechende Erziehung durchgeführt werden kann, müssen die Menschen, die das Pferd in seinem Verhalten prägen, ihr eigenes Verhalten ändern und sich „pferdegemäß" und „pferdeverständlich" verhalten. Selbst bei ehemals gut erzogenen Pferden können sich durch nachlässiges Verhalten der Menschen, die Umgang mit ihnen haben, wieder schlechte Manieren oder gefährliches Verhalten ergeben.

Wer ein gut erzogenes Pferd haben möchte, muss sich selbst diszipliniert, bewusst und umsichtig verhalten. Er muss sich darüber im Klaren sein, dass seine Körperhaltung und seine Bewegungen bei einem Pferd Reflexe und Verhaltensreaktionen auslösen. Dies geschieht auch dann, wenn das vom Menschen gar nicht beabsichtigt wird. Ein Pferd lernt immer und ein Mensch im Einflussbereich des Pferdes beeinflusst dessen Verhalten stets, ob er will oder nicht. Dabei kommt der „Körpersprache" eine wichtige Bedeutung zu.

Wer ein gut erzogenes Pferd haben möchte, der muss sich selbst diszipliniert, umsichtig und situationsbewusst verhalten.

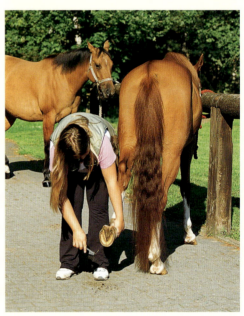

selbst. Und je nach Reitdisziplin oder Reitweise sind die Unfallzahlen und die Schwere der Unfälle sehr unterschiedlich. Bei genauerer Analyse der Ursachen und Hintergründe der Unfälle und Schadensfälle kann man aber ohne weiteres zu dem Schluss kommen, dass der bei weitem größte Teil hätte vermieden werden können.

Aus meiner eigenen, mehr als dreißigjährigen Praxis im professionellen Umgang mit Pferdeleuten und deren Pferden kann ich diesen Standpunkt nur erhärten.

Schon bei der Arbeit am Leitseil werden Mensch und Pferd ein Team. Für viele später erwünschte „Reitpferde-Verhaltensweisen" wird der Grundstein gelegt.

Liebe Leserinnen und Leser, der Umgang mit Pferden geht immer mit einem erhöhten Risiko einher. Doch mit einem vernünftigen Sicherheitsmangement auf der Basis **artgerechter Umgangsformen** mit dem Pferd und mit **vernünftiger Selbstdisziplin** lässt sich dieses Risiko deutlich senken.

Jeder Unfall verursacht viel Schmerz und Leid, sowohl für die Tiere als auch für die Menschen. Jeder Unfall, der durch sinnvolle Maßnahmen der Vorbeugung vermieden wird, muss also als ein großer Erfolg gewertet werden.

Aus diesem Grund bin ich der Meinung, dass gar nicht genug getan werden kann, um die Sicherheit im Umgang mit Pferden durch eine sinnvolle Erziehung aller Pferdeleute zu vernünftigem und umsichtigen Verhalten zu verbessern.

Wenn bisher in Deutschland nicht bekannte oder übliche Ausbildungsmethoden dazu beitragen können, diesem Ziel näher zu kommen, so sollten sich alle verantwortlichen Ausbilder und natürlich jeder Reiter und Pferdebesitzer diesen Erkenntnissen gegenüber offen zeigen. Pferde sind sehr große, starke Tiere. Ein Reitpferd kann zwischen 400 kg und 650 kg schwer sein. Bei einem Zusammenstoß mit seinem Körper oder bei einem Kräftemessen ist ein Mensch unterlegen. Das gilt selbst für ein Fohlen von 100 kg. Pferde sind ihrer Natur nach **friedliebend**. Sie verletzen ein anderes Lebewesen in der Regel nicht mit der Absicht, ihm bleibenden Schaden zuzufügen. Da ein Pferd sich seiner Kraft und deren Auswirkungen auf Schwächere nicht wirklich bewusst ist, wird es nicht verstehen, dass sein natürliches, unter Pferden übliches Verhalten für Menschen verheerende Auswirkungen haben kann.

Das diagonale Kreuzen mit den Hinterbeinen ist eine der wichtigsten Basisübungen. Hier wird das Körpergefühl zwischen Mensch und Pferd entwickelt.

So verhalte ich mich am Boden

Auch vor diesem Hintergrund hat man sich traditionell in allen weiter entwickelten Reitkulturen die Mühe gemacht, ein Pferd zunächst **vom Boden** aus zu schulen und zu **erziehen**, bevor es mit reiterlichen Forderungen konfrontiert wurde. Der **direkte Körperkontakt**, aber auch die **Haltung** und die Art, wie und wo man sich in Relation zum Pferd bewegt, ist dabei ein wichtiges **Verständigungsmittel**. Durch sinnvolles Agieren erlangt man die **Aufmerksamkeit** des Pferdes, die Grundvoraussetzung, um die eigenen Gedanken und den eigenen Willen einem Pferd überhaupt übermitteln zu können. Hat man die Aufmerksamkeit des Pferdes gewonnen, so ist es wichtig, es einerseits „anzutreiben" und „fortzuschicken", es andererseits aber auch zu sich kommen zu lassen. Dieses dem **Sozialverhalten** in Pferdeherden entlehnte Verhaltensmuster vermittelt dem Pferd das Gefühl, der Mensch, der sich um eine **Individualbeziehung** bemüht, sei so etwas wie ein „Artgenosse auf zwei Beinen". Ein Lebewesen, mit dem man sich **verständigen** kann (durch Körpersprache und territoriales Bewegungsverhalten), dem man vertrauen kann, das man aber auch respektieren muss, wenn es das einfordert. Auf diese Weise kann ein Mensch sich einem Pferd gegenüber die Art von **Autorität** erwerben, die ihn zum „Führer" oder „Entscheidungsträger" werden lässt.

Wenn ein Pferd lernt, mit Kopf, Hals, Schulter und Vorderbein gleichzeitig zu reagieren, dann ist die gewünschte Kontrolle an leichten Kontakten erreicht.

Erst wenn ein Mensch diesen **Status** erlangt hat, kann er erwarten, dass ein Pferd sich nach und nach seinem Willen fügt. Doch nicht nur die Autoritätsfrage muss systematisch geklärt werden, bevor man vom Pferd „Gehorsam" erwartet.

Die individuellen und allgemeinen instinktiven Verhaltensmuster, Reflexe und Gewohnheiten bedürfen einer „Umwandlung". Das natürliche Herden-, Flucht- oder Geschlechtsverhalten eines Pferdes steht der Vorstellung vom „richtigen Reitpferdeverhalten", wie es der Mensch dem Pferd gegenüber entwickelt, entgegen.

Ein Pferd muss durch systematische Erziehung lernen, seine **instinktiven Handlungen** durch neue, zweckmäßige „**Reitpferdeverhaltensmuster**" zu ersetzen. Das gilt auch für Gewohnheiten, die es durch den Umgang mit Menschen erlernt hat, die aber der Verwendung als Reitpferd im Wege stehen.

Ein Pferd muss erst einmal lernen, wie ein Reitpferd zu denken und zu fühlen. Sind diese Voraussetzungen durch systematische Arbeit in entsprechenden Übungen geschaffen, so wird das Pferd aus **Neugierde**, aus **Respekt** und **Vertrauen** und im **Verständnis** für die Bewegungsforderungen des Menschen mitarbeiten, solange diese nicht mit unangenehmen Empfindungen gekoppelt sind. Doch bei entsprechend **intensiverer Bewegungsforderung** wird es Muskel-

Das Feingefühl am Leitseil wird später zur feinen Einwirkung über die Zügel vom Sattel aus.

anstrengung und eventuell Ermüdung spüren. Seine normale Reaktion ist es nun, die „Bewegungsleistung" nicht mehr oder nur zögerlich zu erbringen. Es muss also auch **lernen**, etwas **mehr zu leisten,** als „bequem" ist. Es muss zum **Fleiß** erzogen werden.

Dabei sollte man beachten, dass Pferde eine ganz unterschiedliche individuelle Persönlichkeit haben, ähnlich wie Menschen. Auf diesen Umstand sollte man stets Rücksicht nehmen. Bei der Anwendung bestimmter Erziehungs- und Ausbildungsmethoden müssen all diese Aspekte genügend berücksichtigt werden. Ein individuell „maßgeschneidertes" Programm ist die beste

Lösung, setzt aber auch beim Ausbilder einen großen **Erfahrungshintergrund** voraus.

Wenn Amateur- oder Berufsausbilder mit Pferden arbeiten, dann verfallen sie nicht selten in einen unangemessenen **Perfektionismus**, mit der Zielsetzung „nichts falsch" und möglichst alles „richtig" zu machen. Dabei übersehen sie, dass die Vorstellung von „falsch und richtig" nur im menschlichen Bewusstsein existiert und Pferden solche Bewertungen absolut unmöglich sind. Pferde können auch kein Verständnis für die Inhalte einer Reitlehre entwickeln. Für sie zählt nur, was sie gerade als angenehm oder unangenehm empfinden.

Der Individualbereich
Pferd und Mensch haben einen persönlichen Individualbereich. Daran sollte man immer denken und sich entsprechend im Umfeld eines Pferdes bewegen.

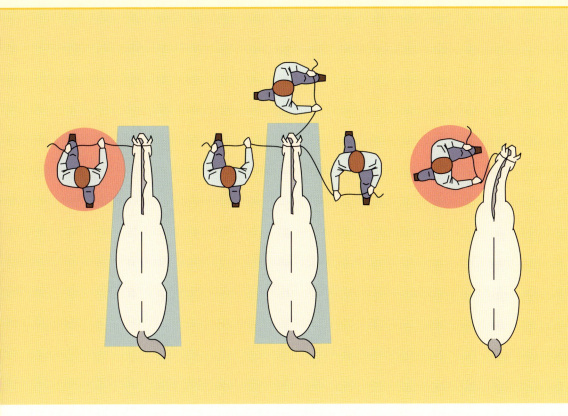

Macht ein Pferd aus der Sicht des Ausbilders einen „Fehler", so ist dem Pferd das nicht als etwas **Unrechtes** bewusst, sondern es folgt in seiner Handlungsweise intuitiv dem eigenen Gefühl, dem eigenen Instinkt oder dem eigenen Sicherheitsempfinden. Erst durch regelmäßige verfeinernde Wiederholungsübungen über einen sehr langen Zeitraum lassen sich „künstliche" Verhaltensmuster wie Lektionen oder „richtiges Reitpferdeverhalten" gewohnheitsgemäß festigen.

Deshalb sollte man im Sinne der Gebrauchspferdeausbildung gewisse Toleranzen am Anfang der Erziehungs- und Dressurarbeit einplanen und sich vor zu rigorosem Perfektionismus unbedingt hüten. Der verhindert nur die Natürlichkeit und Leichtigkeit der Bewegungen. Ich empfehle meinen Schülern den „Mut zum maßvollen Kompromiss". Anstelle von Drill und falschem Perfektionismus ist ein planvolles Handeln mit Einfühlungsvermögen und Vorausschau zu empfehlen. Solange ein Pferd dabei Bereitschaft zur Mitarbeit, Interesse und Aufmerksamkeit zeigt, sollte es gelobt und belohnt werden, selbst wenn es in der technischen Ausführung von Übungen „Fehler" macht.

Mit den Übungen, die ich in den folgenden Kapiteln vorstelle, kann man dieser Notwendigkeit Rechnung tragen.

>>>

Mit guter Reittechnik geht es besser

Fehlhaltungen
Erkennt ein Reiter seine Haltungsfehler, kann er sie korrigieren. Stört er sein Pferd nicht mehr, ist es zufrieden.

Balance
Ein Reiter muss die Balance auf dem Pferderücken erlangen, um mit natürlichen Bewegungen zwanglos einwirken zu können.

Körpergefühl
Nur unverkrampfte und zwanglose Körperhaltung ermöglicht das Fühlen. Ein Reiter mit Gefühl kann sich seinem Pferd anpassen.

Hilfenverständnis
Nicht ein Reitlehrer, Zuschauer oder ein Buch entscheiden, ob reiterliche Einwirkungen als richtige Hilfen verstanden werden, sondern das Pferd.

Angstmanagement
Viele Reiterinnen und Reiter haben ihr natürliches Angstgefühl nie abgebaut und begeben sich immer wieder in riskante, angsterfüllte Situationen.

Sitzschulung und die Korrektur von Fehlhaltungen lassen sich für Beginner am besten an der Longe durchführen.

Fehlhaltungen und ihre Korrekturen

In meinen Kursen und Seminaren versuche ich stets, das Verständnis für die wesentlichen Aspekte praktischer Reittechnik in möglichst simpler Form darzulegen. Dabei konzentriere ich mich darauf, das „notwendige Handwerkszeug" für den praktischen Gebrauch des durchschnittlichen Freizeitreiters zu vermitteln, mit dem er sich **jedem** Pferd verständlich machen kann und grundsätzliche Körperkontrolle erreicht. Ich wähle dabei bewusst nicht die üblichen Fachbegriffe, die so gern zwischen Reitern ausgetauscht werden, weil diese sehr leicht zu unterschiedlichen Interpretationen verleiten.

Ich versuche auch, mich in meinen Erklärungen auf das Wesentliche zu beschränken und folge stets in Theorie und Praxis dem Grundsatz:

Vom Einfachen zum Schwierigen, vom allgemein Verständlichen zum Speziellen.

Komplexe Bewegungsabläufe oder Handlungen zerteile ich für den Lernvorgang in einzelne Schritte. So gliedert sich dann jede Handlung in einzelne, in ihrer Reihenfolge logische und koordinierte Teilfunktionen. Vom bewussten Handeln in wenigen, einfachen, langsamen Bewegungen gelangt man so sehr leicht und schnell zum automatisch richtigen gewohnheitsgemäßen Handeln.

Auf diese Weise lernen Reiter nicht nur, sich zu bewegen, sie lernen auch, wie und warum sie es tun sollen. Sie können Fehlentwicklungen erkennen und sich selbst rechtzeitig korrigieren.

Die folgenden Begriffe in ihrer Reihenfolge bezeichnen die Stationen, in denen ein reiterliches, optimales Bewegungsverhalten (Reittechnik) auf dem Pferd erworben wird:

(Zwanglose) Haltung – Balance – Rhythmus – Gefühl – Funktion – Verständnis – Wiederholung – Gewohnheit – Bequemlichkeit – Motivation (des Reiters).

> **TIPP**
>
> *Ich empfehle, nach dem Prinzip* **LANGSAM – WENIG – RICHTIG** *zu verfahren und warne davor, sich dazu hinreißen zu lassen,* **SCHNELL – VIEL – FALSCH** *zu praktizieren.*

Korrekte Anleitung durch einen Ausbilder erleichtert es einem Reitschüler, zweckmäßige Reittechnik gleich von Beginn an zu erlernen.

Sitzfehler stören die Bewegungen und das Wohlbefinden des Pferdes. Angelegte Ohren, festgehaltener Rücken und Schweifschlagen sind die Folge.

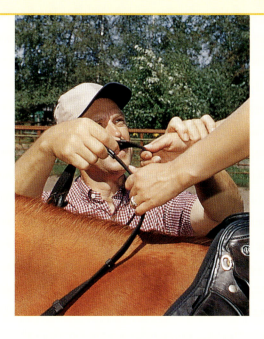

Die logische und praktische Beziehung dieser Begriffe zueinander ist der Leitfaden für meine Arbeit sowohl mit Menschen als auch mit den Pferden.

Das unbewusste Handeln

Die Praxis zeigt, dass es beim Reiten beabsichtigte und unbeabsichtigte Einwirkungen geben kann.

Ein Reiter sollte zunächst daran arbeiten, die ihm **unbeabsichtigt** unterlaufenden Einwirkungen **zu erkennen.** Gelingt ihm das, so kann er dann in sinnvollen Übungen damit beginnen, diese unbeabsichtigten Einwirkungen zu reduzieren. Das wird ihm nur in dem Maße gelingen, in dem er die Ursache dafür, **die Fehlhaltung,** aus der die unerwünschte Wirkung auf das Pferd entsteht, beseitigt.

Hat man als Reiter erst einmal erkannt, wie leicht es aus Fehlhaltungen zu **Fehlinformationen** kommt, so versteht man auch viele der Reaktionen eines Pferdes besser.

Ein Reiter, der nur stoisch, mechanisch von seinem Pferd fordert oder es gar zu Aktionen zwingt, wird die von ihm ausgehenden Fehlinformationen nicht erkennen können. Er ist „nur auf Sendung eingestellt". Der Reiter aber, der „auf Empfang eingestellt ist" und gefühlvoll, analytisch und in ruhigen Bewegungsabläufen mit seinem Pferd arbeitet, wird an der Reaktion des Pferdes jeweils erkennen, ob er verständlich und „helfend" eingewirkt hat oder ob sein Handeln beim Pferd zu Missverständnissen führte.

Eine echte Verständigung über die „Hilfen" hat den Charakter eines nonverbalen **Zwiegespräches**.

Ein Gebiss sollte immer nur der feinen Verständigung zwischen Reiter und Pferd dienen.

Mit Körpergefühl zur Verständigung

Für jeden Reiter ist es erstrebenswert, sein Körpergefühl und seine Koordinationsfähigkeit auf dem Pferderücken zu verbessern. In dem Maße, in dem das gelingt, wird er das Pferd weniger stören und behindern und sich immer besser über **differenzierte Signalgebung** die Verständigung ermöglichen. Damit eine Verständigung zustande kommt, müssen Botschaften **gesendet** und **empfangen** werden. Ein wohl dosierter Signaldruck am Pferdekörper (im Pferdemaul) platziert sendet an das Pferd die Botschaft, nachzugeben und entsprechend geändertes Bewegungsverhalten zu zeigen. Nachdem das Signal ausgesendet wurde, muss der Reiter nun die Rückmeldung, das „Echo" des Pferdes, über sein eigenes **Körpergefühl aufnehmen, auswerten** und entsprechend die nächste „Botschaft" versenden. Gibt ein Reiter einen Druckimpuls mit **einer bestimmten Bedeutung** an das Pferd, so kann es wie gewünscht, zu wenig nachgiebig oder zu viel reagieren. Der Reiter muss an der Reaktion des Pferdes entscheiden, ob es wie gewünscht, zu wenig oder zu viel Reaktion gezeigt hat.

Um mit reiterlichen Einwirkungen eine optimale Verständigungssituation herstellen zu können und ein harmonisches Miteinander mit dem Pferd zu erreichen, muss man also sein Bewusstsein auf das Senden von Körperbotschaften und ihr Empfangen einstellen. Durch variationsreiches „Kommunizieren" lernt man, die Ursachen für unerwünschte Reaktionen des Pferdes zu bestimmen und dann die notwendigen veränderten Einwirkungen oder Maßnahmen vorzunehmen, um das gewünschte Verhalten letztlich zu erreichen. Dieser Lernprozess braucht seine Zeit, er findet nur über

Die Fähigkeit, in jeder Situation locker und ausbalanciert auf dem Pferd zu bleiben, ist eine Grundvoraussetzung für gutes Reiten.

Zwanglos aber gerade, diese beiden Voraussetzungen sind für eine ausgeglichene Balance-Situation sehr wichtig.

> **TIPP**
>
> ## Wichtig: Ursachenforschung
>
> *Zeigt das Pferd auf ein Signal eine zu geringe Reaktion, so kann das verschiedene Ursachen haben:*
>
> *Der Reiter hat, ohne es selbst zu merken, eine falsch dosierte oder platzierte Einwirkung (Botschaft) gesendet und das Pferd führt diese nun mit entsprechend geringer Bewegung aus.*
>
> *Der Reiter hat seinen Druckimpuls richtig dosiert und platziert, aber das Pferd war unaufmerksam und abgelenkt, es ignorierte den Kontakt (die Botschaft).*
>
> *Der Reiter hat richtig dosiert und platziert, das Pferd war aufmerksam und bemühte sich, den Impuls umzusetzen, doch es war zu steif oder konnte die Bewegung nicht koordiniert ausführen.*
>
> *Drei verschiedene Ursachen für eine vergleichbare Reaktion, im ersten Falle lag die Ursache beim Reiter, er muss sein eigenes Verhalten verändern(Reittechnik).*
>
> *Im zweiten Fall war es eine mentale Unzulänglichkeit beim Pferd (Erziehung).*
>
> *Und im dritten Fall gab es eine körperliche Ursache beim Pferd (Gymnastizierung).*

das Prinzip „Learning by doing" statt. Je langsamer und bedächtiger Reiter und Pferd sich dabei bewegen, um so leichter ist es für beide, dieses „Zwiegespräch" über Körpersprache zu führen und die Missverständnisse immer weiter zu reduzieren.

Ein typischer Haltungsfehler: tief gehaltene Hände und durchgestreckte Ellbogen lassen keine weiche Zügelverbindung zu.

Dies ist einer der schwierigsten Bereiche für jeden Reiter. Er muss lernen, mit Kompromissen zu leben und sich über jede noch so kleine Verbesserung in diesem Verständigungsspiel zu freuen.

Balance und funktionale Haltung

Die Einwirkungsmöglichkeiten, die der Reiter mit seinem Körper auf das Pferd hat, werden gemeinhin „Hilfen" genannt. Sie sollen dem Pferd helfen, die Gedanken des Reiters zu verstehen und diese umzusetzen. Es ist üblich, „Hilfen" in Gewichtshilfen, Schenkelhilfen und Zügelhilfen zu unterteilen.

Daraus lässt sich ableiten, den Reiterkörper in drei Einzelbereiche zu unterteilen:

Den Rumpf mit dem Sitz für die Gewichtshilfen, die Beine für die Schenkelhilfen und die Arme für die Zügelhilfen. Zum besseren Verständnis ist das sicher hilfreich. Auch während praktischer Übungen zur Verbesserung der Reittechnik lernt man leichter, wenn man sich zunächst auf **Einzelfunktionen** beschränkt. Doch man sollte stets im Auge behalten, dass das Reiten eine

Körper- und Handhaltung dieser Reiterrin fördern ein freies, lockeres Vorwärtsgehen, ohne dass die Kontrolle verloren geht.

> **TIPP**
>
> *Die Körperhaltung bestimmt zu Pferde stets, wie klar und eindeutig der Reiter mit seinen Armen, Beinen und den Gewichts- und Sitzeinwirkungen Einfluss nehmen kann.*

dynamische Betätigung ist und somit alle Körperbereiche in Koordination zueinander und miteinander funktionieren müssen, um optimal mit dem Pferd zusammenzuwirken.

Wie schon zuvor beschrieben, kommt der **Körperhaltung** dabei ein zentrale Rolle zu.

Um die ideale Balance- und Funktionshaltung als Voraussetzung für eine präzise und koordinierte Einwirkung auf das Pferd zu erwerben, hat es sich bewährt, das Leichttraben abwechselnd mit Reiten im Schwebesitz (auch Leicher Sitz genannt) und dem Aussitzen im Trab zu praktizieren. Ein Pferd mit ruhigen, weichen und gleichmäßigen Bewegungen ist ideal für diese Übung.

Ein Reiter verbessert so sein Rhythmusgefühl, er lernt weich in den Sattel einzusitzen und wird lockerer und besser ausbalanciert. Er lernt, seine Hände den Bewegungen des Pferdemauls anzupassen, unabhängig von

Balance und funktionale Haltung

Eine lockere und funktionale Beinhaltung muss erlernt werden. Anleitung durch einen guten Reitlehrer ist hilfreich.

seinen Körperbewegungen mit Rumpf und Beinen. Verspannungen und Blockaden lassen sich mit dieser Übung leicht abbauen und aktive Schenkel, Zügel- und Sitzeinwirkungen können bewusster und koordinierter ausgeführt werden.

Um die Grundhaltung zu Pferde zu optimieren, sollte der Reiter sich darauf konzentrieren, die Stützfläche in den Steigbügeln unter seinen Körperschwerpunkt zu bringen. So gelangt er zu einer **ausbalancierten Haltung.** Mit der Balance in den Bügeln kann der Reiter sich im tiefen Punkt des Sattels kurzfristig absetzen, um so das Gefühl für **einen ausbalancierten Sitz** zu erlangen. Durch regelmäßigen Wechsel dieser Positionen in allen Gangarten wird er in allen beiden immer sicherer und lockerer.

Sind die Stützpunkte in den Steigbügeln nach vorn oder hinten abweichend von der Lotlinie durch den Körperschwerpunkt, so kann der Reiter sich nicht richtig ausbalancieren und seine Schenkel nicht für differenzierte Einwirkungen kurzzeitig ein wenig vor- oder zurücknehmen.

Schenkeleinwirkungen

Meine Beine sind mein wichtigstes Kommunikationsmittel mit dem Pferd. Mit ihnen kann ich den Tastsinn des Pferdes in einer Variationsbreite ansprechen, wie das mit den Zügeln, der Zäumung und den Gewichtsverlagerungen gar nicht möglich ist. Ich habe beide Körperseiten des Pferdes auf seiner ganzen Länge zur Verfügung, von der Schulter bis zur Hinterhand. Ich setze meine Schenkel nach dem Prinzip von Druck und Nachgiebigkeit ein. Meine Beine positioniere ich so, dass kein Gelenk von den Zehen bis zur Hüfte blockiert ist. Die Steigbügel möchte ich unter meinem Körperschwerpunkt haben. Ich halte Kontakt zum Steigbügel je nach Bedarf mit den Ballen oder mit dem Mittelfuß. Ich möchte mein Bein jederzeit an der Pferdeseite vor oder auch zurück schwingen können. Je nach Körperproportionen hat ein Reiter mit seinem Bein am Pferdekörper Kontaktpunkte.

Werden die Zehen locker aufgerichtet, so entspannt sich die Wadenmuskulatur und das Fußgelenk bleibt locker.

Ein Schenkelimpuls sollte stets mit der oberen Wade eingeleitet werden, bevor die Ferse oder der Sporn eingesetzt werden.

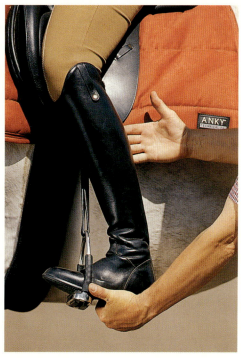

Ich strebe stets eine Einwirkung mit dem Unterschenkel im Bereich der oberen oder unteren Wade an; wenn Sporen getragen werden, so werden diese behutsam von hinten nach vorn streifend und niemals stechend oder bohrend eingesetzt.

Ich teile die Pferdeseite in drei Zonen ein: Vorne, Mitte, Hinten.

Bei einem ungeschulten Pferd kann die vordere Zone von der Schulter bis zum Gurt reichen, die mittlere vom Gurt bis etwa dreißig Zentimeter dahinter und die hintere von diesem Punkt bis zur Flanke oder sogar bis zur Hinterhand.

Bei einem besser geschulten Pferd sind die drei Zonen auf die Größe je einer Postkarte geschrumpft und bei einem sehr fein abgestimmten Pferd sind sie nur noch drei Finger breit. Mit dem Einwirken in die vordere Zone möchte ich das Pferd motivieren, mit der Vorhand zu weichen, Druckimpulse auf die mittlere Zone signalisieren dem Pferd, seitlich mit Vorhand und Hinterhand gleichzeitig zu weichen oder alternativ nur mehr Biegung im Rumpf anzubieten. Seitlicher Kontakt zur hinteren Zone fordert das Pferd auf, mit der Hinterhand auszuweichen.

Ich biete einem Pferd drei Stufen der Intensität an, mit der ich die Schenkelkontakte

Schenkeleinwirkungen | 53

Die Abbildung zeigt die Einwirkungszonen am Pferd.

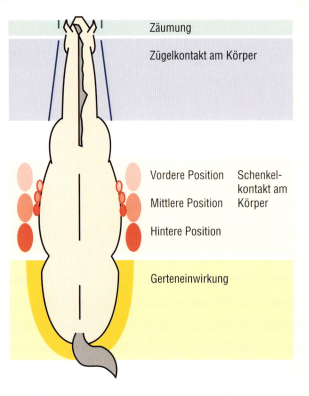

platziere: fein, mittel und deutlich. Die Unterteilung in fein, mittel und deutlich bleibt stets gleich. Doch Pferde verhalten sich individuell unterschiedlich sensibel, deshalb stelle ich mich mit der Stärke meiner Einwirkungen auf jedes Pferd ein. Das kann bedeuten, dass ein für ein sensibles Pferd „deutlicher" Kontakt von einem unsensiblen gerade mal als „feiner" Kontakt eingestuft wird, dem dann „mittel" und „deutlich" in entsprechend noch stärkerer „Dosierung" folgen würde.

Ich unterscheide bei meinen Schenkeleinwirkungen zudem zwischen einem anpendelnden Schenkelimpuls und einer von hinten nach vorn streifenden Einwirkung mit dem Unterschenkel. Stets sind meine Kontakte ein Wechselspiel zwischen Anspannung und Entspannung, zwischen Druck und Nachgiebigkeit.

Der pendelnde Impuls lässt seitlich weichen oder er begrenzt seitlich, er soll aktivierend wirken oder Aufmerksamkeit wecken. Diese Art der Einwirkung verwende ich bei jungen oder korrekturbedürftigen Pferden. Ein sehr energisch pendelnder Schenkel hat auch disziplinarisch begrenzende Funktion oder lässt das Pferd energisch ausweichen.

Der streifende Schenkel hat die Aufgabe, zu formen und Bewegungen der einzelnen Schritte zu begleiten. Mit fortschreitender Ausbildung sowohl beim Pferd als auch beim Reiter wird diese Form der Schenkelimpulse immer mehr Bedeutung gewinnen. Ich setze vornehmlich die Wade ein, um Impulse zu geben. Stellt sich bei Wadenkontakt nicht die gewünschte Reaktion ein, so können die Sporen als „Reizverstärker" eingesetzt werden. Mit den Hacken sollte man niemals von vorn nach hinten gegen das Pferd stoßen oder klopfen, da eine solche Maßnahme nur Verkrampfung und Widerstand beim Pferd auslöst. Pferde stumpfen gegen solche „Hackenstöße" sehr schnell ab und werden dann generell widerwillig oder ignorant den „Schenkelhilfen" gegenüber.

Sporen dienen mir wie die Waden als Kommunikationsmittel und werden nach dem

Um eine Schenkelhilfe zu geben, wird der Unterschenkel aus dem Kniegelenk ein wenig gedreht, bis mit der Wade ein Körperkontakt entsteht.

Seitliches Wegnehmen und Anpendeln-lassen des Beines verfolgt eine „weckende", „aktivierende" oder disziplinierende Absicht.

gleichen Prinzip eingesetzt. Ein Sporenstich oder ein bohrender Sporn löst beim Pferd Muskelverkrampfungen aus und wird es zu Widerstand und Ablehnung veranlassen. Solcher Einsatz sollte also vermieden werden. Wenn ich auf einer Pferdeseite Druckkontakte gebe, so achte ich darauf, auf der gegenüberliegenden passiv zu sein, die Spannung aus dem Bein zu nehmen und dem Pferd Raum zu geben für seitliches (Aus-)Weichen oder eine Muskeldehnung.

Ein Pferd zwischen den Schenkeln „in die Zange zu nehmen", irritiert, blockiert und behindert es.

Anfänglich erwarte ich nur ein Ausweichen mit dem Körperteil, auf den ich einwirke. Mit fortschreitender Ausbildung lernt das Pferd, dass Schenkelsignale die Bewegung einzelner Beine beeinflussen sollen.

> **TIPP**

Falscher Knick

Gibt ein Reiter Schenkeldruck, so führt das häufig besonders bei kräftigem Dauerdruck unbewusst dazu, dass er seitlich das Becken abkippt und einen „Knick" in der Hüfte bekommt. Diese unbeabsichtigte Sitzeinwirkung behindert oder blockiert das Pferd und wirkt der Schenkeleinwirkung entgegen. Ich empfehle deshalb sorgfältig darauf zu achten, sich diese Fehlhaltung nicht anzugewöhnen oder wenn sie schon vorhanden ist, sie sich systematisch abzugewöhnen. Denken Sie immer daran, die reiterlichen Einwirkungen dienen hauptsächlich der Verständigung mit dem Pferd. Sie haben den Charakter einer „Anfrage". Die Anwort (Bewegungsverhalten) sagt dem Reiter, ob die Botschaft verstanden wurde und das Pferd körperlich in der Lage ist, sie umzusetzen.

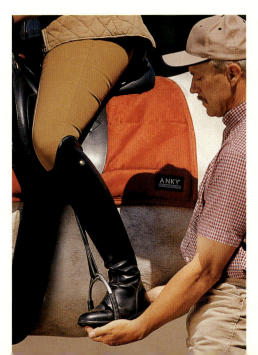
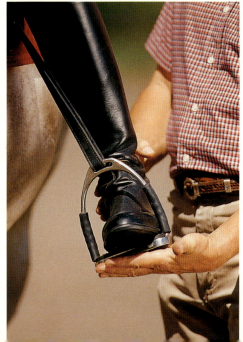

Ein gefühlvoller und weicher Kontakt mit den Zügeln und dem Gebiss zum Maul ist Voraussetzung dafür, das Vertrauen des Pferdes nicht zu verlieren.

Zügeleinwirkung und Zügelhaltung

Die Art und Weise, wie wir mit den Händen umgehen, bestimmt, ob ein Reitpferd Angst und Misstrauen gegenüber den Einwirkungen der Zäumungen im Maul entwickelt oder diese vertrauensvoll und mit entspannter Muskeldehnung annimmt. Die Anforderungen an die Fähigkeiten des Reiters zur „weichen" Zügelführung sind sehr viel höher, als es zunächst erscheinen mag. Ein Reiter mit steifer Körperhaltung oder unruhigem und nicht ausbalanciertem Sitz kann keine weiche Verbindung zum Pferdemaul herstellen. Ein Reiter stört ein Pferd auch durch unregelmäßige Druckeinwirkungen im Maul, wenn er nicht in der Lage ist, stets an den Zügeln umzugreifen, um ihre Länge der veränderten Körperhaltung des Pferdes in der Bewegung anzupassen oder wenn er dessen Kopfbewegungen nicht durch „mitgehende" Handbewegungen begleitet.

Ich bin der Meinung, dass die meisten Reiter unbewusst oder absichtlich viel zu viel und störend mit den Händen einwirken und viel zu wenig Wert auf ihre Haltung und ihre Schenkeleinwirkung legen.

Einwirkungen mit der Zäumung dienen mir dazu, **Druckimpulse** auf eine **Kopf- oder Maulseite** zu geben, um das Pferd zu veranlassen, mit Kopf oder Körper dem Druckimpuls nachzugeben oder zu weichen. Als Resultat bekomme ich eine **Haltungsänderung** oder eine **Richtungsänderung** oder beides. Am Anfang der Ausbildung wird eine Zäumungseinwirkung für generelle Richtungs- und Tempoveränderungen vermehrt im Vordergrund stehen. Später dann möchte ich durch entsprechend anders abgestimmte Druckkontakte erreichen, dass ich die Hals- und Körperbiegung durch Signale über die Zäumung (in Verbindung mit Schenkel- und Sitzeinwirkungen) immer präziser beeinflussen kann, um das Pferd in einer bestimmten Haltung „einzustellen". Doch nicht nur mit

> **TIPP**
>
> ### Verspannungen durch Schmerz
>
> *Ein Pferd, welches sich im Maul stets vom Gebiss gestört fühlt oder sogar dort Schmerzen ertragen muss, verkrampft die Halsmuskeln und infolgedessen auch andere Körpermuskeln wie die Schulter-, Oberarm- oder Rückenmuskulatur. Es geht steif, untaktmäßig und unausbalanciert und kann weder richtungsweisende noch tempobeeinflussende Einwirkungen in der gewünschten, weichen und ausbalancierten Form umsetzen.*

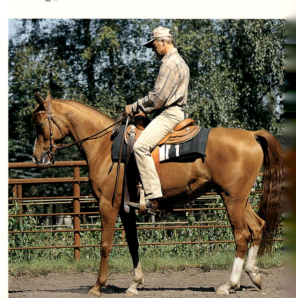

Unterschiedliche Zügelpositionierung bewirkt eine veränderte Gebisseinwirkung.

Genaues Studium der Reaktionen des Pferdes ist Voraussetzung für eine sinnvolle Zügeleinwirkung. Niemals sollte am Zügel nur „gezogen" werden.

der Zäumung am Kopf, auch mit dem direkten Zügelkontakt in verschiedenen Zonen **seitlich am Pferdehals** gebe ich dem Pferd begrenzende oder weichen-lassende Signale, die es mit zunehmender Ausbildung immer feiner und differenzierter verstehen lernt.

Ein klares und **unmissverständliches System** in Bezug auf Anordnung, Intensität und Abstimmung ermöglicht es dem Pferd, zu lernen, die Signale zu unterscheiden und mit entsprechend regelmäßig wiederkehrenden Reaktionen zu beantworten. Eine genaue Kenntnis der **Wirkungsweise** der verwendeten Zäumung ist Voraussetzung für ihre sinnvolle Anwendung. Je nachdem, welche Zäumung ich verwende und welche Druckpunkte ich ansprechen möchte, werde ich mit den Händen individuell angepasst die Zügel führen und positionieren. Damit ich diese sehr **differenzierten Kontakt-Druck-Situationen** am Pferdekopf und am Hals systematisch und dosiert immer wieder gleich platzieren kann, muss ich ein System in die Art und Weise bringen, mit der ich die Zügel halte und einsetze. Ich habe in den zurückliegenden Jahren sicherlich fast alle in Frage kommenden oder möglichen Zügelführungssysteme praktiziert und erprobt. Als Resultat dieses „Lernprozesses" blieb eine Standardzügelführung übrig. Sie vermeidet optimal unerwünschte, irritierende Einwirkungen auf das Pferd, bietet die Möglichkeit, die Zügelhaltung dem Pferd stets in Haltung und Bewegung anzupassen und bleibt im Prinzip durch alle Ausbildungsstufen gleich.

Die verschiedenen Phasen, die Zügellänge zu verändern oder neu zu ordnen.

Ich führe die Hände **zentriert** vor meinem **Körpermittelpunkt** über den Scheitelpunkt des Pferdes (Mähnenkamm und Widerrist). Im Bedarfsfall bewege ich Hände und Arme mit beweglichen Gelenken und lockerer Muskulatur, um Zügelsignale seitlich zu geben. Ich kehre aber immer zur „zentrierten" Position der Hände zurück. So kommt es nicht so leicht zu ungewollten Gleichgewichtsstörungen, wenn Hände und Arme bewegt werden. Diese Haltung hat zudem den Vorteil, mit etwas Übung innerhalb von Augenblicken die Zügellänge vom langen Zügel zum beidseitigen Kontakt hin zu verkürzen, ohne das Pferd im Maul zu irritieren oder zu stören.

Ich bezeichne diese Zügelführung nicht als die alleinig richtige und andere Formen nicht als falsch. Doch als Standardform vereinigt sie die größten Vorteile und Variationsmöglichkeiten und verursacht die geringsten Störungen für das Pferd.

Man kann sie in wenigen Wiederholungsübungen erlernen und in kurzer Zeit perfektionieren. Bei der Kontaktaufnahme mit der Zäumung achte ich darauf, vom losen Zügel stets zuerst passiven Kontakt zum Pferdekörper herzustellen. Erst wenn ich als Reaktion darauf die Aufmerksamkeit des Pferdes erlange und eine weiche Akzeptanz und Muskelnachgiebigkeit spüre, gebe ich einen aktiven Impuls als Ausführungssignal.

Sitz- und Gewichtseinwirkungen

Während ein Reiter mit seinen Händen über Zügel und Gebiss und mit den Beinen direkt am Pferdekörper Druckkontakt ausüben kann, ist ihm das mit den Sitz- und Gewichtseinwirkungen nicht möglich. In meinen Kursen und Seminaren stelle ich immer wieder fest, dass es wohl diesem Umstand zuzuschreiben ist, dass die größ-

Diese Zügeltechnik bezeichne ich als „Blumenstrauß-Haltung". Die Zügelwinkelung bleibt gleich, die aufgesetzte Reiterhand bleibt ruhig.

Sitz- und Gewichtseinwirkungen

Unabhängig von Sattel und Reitweise empfehle ich eine lockere, ausbalancierte und einfühlsame Haltung und eine leichte Zügelführung.

> **TIPP**
>
> *Wenn die Hilfen in Übungen nicht sofort zu präzise ausgeführten Bewegungen führen, so ist das nicht schlimm. Wie bei einer Fremdsprache, die man erlernt, kommt es anfänglich zu Missverständnissen. Durch Wiederholung und immer mehr Erfahrung lernt der Reiter in den Übungen, die Hilfen zu präzisieren und das Pferd lernt, sie immer besser zu verstehen und genauer umzusetzen.*

ten Missverständnisse in Theorie und Praxis in diesem Bereich festzustellen sind. Reiter denken diesbezüglich oft in „mechanischen Kategorien" und reduzieren das Thema meist auf zwei Basisvarianten, die sich in folgender Frage widerspiegeln: „Ist es richtig, ein Pferd unter den Schwerpunkt des Reiters treten zu lassen oder soll es dem Gesäßdruck weichen?" Bittet man die Fragesteller um eine praktische Demonstration dieser beiden Varianten, so bekommt man in der Regel zwei typische Bilder zu sehen. Vielleicht kommen Sie Ihnen bekannt vor?

Der Reiter lehnt sich mit steifem Oberkörper z.B. nach rechts. Unbeabsichtigt legt er meistens den linken Zügel an den Pferdehals und gibt Druck oder Zug auf das rechte Mundstück. Seine rechte Schulter leitet die Kippbewegung ein. Das Pferd geht tatsächlich nach rechts herüber und leitet seine Bewegung auch mit der rechten Schulter zuerst ein. Durch seinen Körper geht die gleiche Kippbewegung wie durch den des Reiters. Der Reiter hat das Pferd veranlasst, die Richtung in seinem Sinne zu ändern. Er sieht seine Theorie in der Praxis bestätigt. Bei genauerer Analyse erkennt man Folgendes: Durch das Zur-Seite-Lehnen bringt der Reiter das Pferd plötzlich aus dem Gleichgewicht. Dieses versucht, diese Irritation durch hastigen Vorwärts-Seitwärtsschritt auszugleichen. Aus dem Gleichgewicht gebracht zu werden ist für ein Pferd vermutlich genauso unangenehm wie für einen Menschen, es verliert das Vertrauen in den Reiter. Da es mit der Schulter voran reagieren musste, wird es vermehrt Gewicht mit der Vorhand übernehmen und die Hinterhand entlastend nachziehen. Es wird schwerfällig in den Bewegungen. Es kann sich nicht für eine Bewegung in die entgegengesetzte Richtung präparieren. Es wird nicht weich und nachgiebig an der Zäumung sein und vermutlich den Rücken nach unten durchdrücken, da der Reiter über den rechten Gesäßknochen vermehrt den Sattel belastet. Möglicherweise ist das Pferd zusätzlich verwirrt, weil der steife Reiter mit dem rechten Bein gegen die Pferdeseite

> **TIPP**

Zum Thema „Hilfengebung" bedenken Sie stets:

Ohne zwanglose Haltung keine Balance, ohne Balance kein Rhythmus, ohne Rhythmus kein Gefühl, ohne Gefühl keine Funktion, ohne Funktion keine Verständigung, ohne Verständigung keine „Hilfen!"

Ein Reiter mag der Meinung sein, seinem Pferd „Hilfen" zu geben. Doch nur das Pferd entscheidet, ob es dessen Einwirkungen als hilfreich, verständlich und unterstützend empfindet oder nur als pure Belästigung oder Ärgeres.

Damit „Hilfen" vom Pferd positiv angenommen werden, müssen einige Voraussetzungen erfüllt sein:

Ein Pferd muss durch vorbereitende Ausbildung gelernt haben, auf Körperdruck mit willig-entspannter Nachgiebigkeit zu reagieren.

Druckeinwirkungen am Pferdekörper oder im Pferdemaul müssen sinnvoll, abgestimmt, regelmäßig wiederkehrend, abgestuft dosiert und präzise platziert sein.

Der Reiter muss seinen eigenen Körper auf dem Pferd in jeder Situation koordiniert in aufeinander abgestimmten Einzelfunktionen kontrollieren können. Versehentlich gegebener Druck wird vom Pferd nicht anders bewertet als beabsichtigter.

Das Pferd muss mit seiner Aufmerksamkeit beim Reiter sein.

Das Pferd darf keine Schmerzen, Verkrampfungen oder Verspannungen haben. Auch darf es nicht erschöpft sein.

Die Ausrüstung muss angepasst sein, darf nicht stören oder Schmerzen verursachen.

Die Art der Einwirkung muss dem Ausbildungsstand des Pferdes entsprechen.

drückt, während er mit dem Oberkörper seitwärts kippt. Es wird Richtungsänderungen allenfalls torkelnd auf Schlangenlinien ausführen können. Wir sehen also, dass eine auf den ersten Blick „funktionierende Gewichtshilfe" sehr viele Nachteile für das Pferd beinhaltet.

Der Reiter, der sein Pferd „vom Druck weg" weichen lässt, denkt nicht so sehr an Richtungsänderungen, sondern an „Seitengänge". Er kippt sein Becken nach rechts, lehnt vielleicht mit dem Oberkörper mit Schulterbereich rechts seitwärts und drückt zusätzlich bewusst den rechten Schenkel an. Als Betrachter hat man den Eindruck, er wolle mit der rechten Gesäßhälfte förmlich in den Sattel bohren. Er spreizt das linke Bein seitlich ab und legt den rechten Zügel mit Druck gegen den Hals des Pferdes. Sein Pferd geht zögerlich und etwas verkrampft mit unbeholfenen Tritten seitwärts, wobei es mal zuerst die Hinterbeine seitwärts setzt, dann die Vorderbeine. Mal setzt es das rechte Bein vor das linke, mal dahinter. Der Reiter hat sein Ziel erreicht, das Pferd geht seitwärts. Er ist deshalb der Meinung, die „richtigen Gewichtshilfen" gegeben zu haben.

Aus der Sicht des Pferdes betrachtet ist Folgendes geschehen: Der Reiter vermittelte ihm unangenehmen Druck in der rechten Sattellage und an der Seite. Es wich dem unangenehmen Druck aus, je nachdem wie es ihn fühlte, mal mehr mit der Hinterhand oder mit der Vorhand. Es bewegte sich nicht rhythmisch und koordiniert, sondern steif und abgehackt. Als Folge dieser Erfahrungen mindert sich sein Vertrauen zum Reiter, da dieser es in eine unangenehme Situation bringt. Bei Wiederholungen entwickelt es Antipathien gegen den Reiter, die Übung und den Ort, an dem sie meist geübt wird. Wir können dies daran erkennen, dass es vermehrt mit dem Schweif schlägt, seine Ohren anlegt, sich verspannt und den Rücken wegdrückt. Ein auf den ersten Blick „erfolgreiches" Einwirken erweist sich bei näherem Betrachten als kontraproduktiv.

Da ich weiß, wie schwierig es selbst für einen geübten und einfühlsamen Reiter ist, Gewichtshilfen so abzustimmen, dass sie nicht stören, sondern informativ wirken, empfehle ich dem durchschnittlich geübten und begabten Freizeitreiter, sich bezüglich dieses Einwirkungsbereichs zunächst darauf zu reduzieren, **nichts zu tun.**

> **TIPP**
>
> *Der Rücken eines Pferdes ist der wichtigste „Bewegungskoordinator". Je kleiner die Auflagefläche eines Sattels, desto unangenehmer empfindet ein Pferd den Druck. Aus diesem Grund sind in der Gebrauchsreiterei stets Trachtensättel verwendet worden. Sie verteilen das Gewicht großflächig auf die belastbaren Rippenbögen. Sportsättel übertragen auf kleiner Auflagenfläche punktuell Gewicht auf die empfindliche Rückenmuskulatur.*

Hände und Beine sind in der funktional optimalen Position. Der Reiter sitzt balanciert und gibt dennoch etwas Gewicht nach hinten.

Das Pferd ist im Genick und in der Kruppe besser gewinkelt und übernimmt vermehrt Last mit der Hinterhand.

Hier sind die Beine vorgenommen, die Hände wirken rückwärts-aufwärts, der Oberkörper lehnt zurück. Der Reiter möchte verlangsamen. Doch das Pferd ist mit dem Kopf hoch, mit der Schulter tief und mit der Kruppe wieder hoch. Sein Rücken bleibt gerade. Es hat eine „hohle" Oberlinie und ist vorn „schwer".

> **TIPP**
>
> *Bitte nicht stören: Ich empfehle, dem Pferd dadurch zu helfen, dass der Reiter es nicht durch seine Haltung und durch seinen Sitz stört, behindert und irritiert. Zügel- und Schenkelhilfen reichen aus, um ihm Richtung und Haltung zu vermitteln.*

Dazu biete ich folgende, relativ einfach umzusetzende Ausnahmen an. Zwei dynamische Haltungsänderungen, die als **Signale** gedacht sind und die helfen sollen, ein Manöver anzukündigen, empfehle ich als zwei simple Formen der Gewichtseinwirkung:

Zum Anreiten und Beschleunigen verlagere ich meinen Körperschwerpunkt in Richtung Pferdekopf oder Genick ein wenig vor. Das ist stets eine langsame, weiche und dynamische Bewegung, die sich den Bewegungen des Pferdes anpasst. Sie verfolgt den Zweck, die Aufmerksamkeit des Pferdes zu gewinnen und sich der Entwicklung der Vorwärtsbewegung anzupassen. Stets koordiniere ich diese Bewegungen mit meinen Schenkel- und Zäumungseinwirkungen. Um dem Pferd ein weiches (Ankündigungs-) Signal für ein Verlangsamen zu geben und um mich zudem während der Temporeduzierung seiner Gleichgewichtsverlagerung nach hinten anzupassen, lasse

ich mich langsam vermehrt in den Sattel „einsinken".

Ich kippe mein Becken kurzfristig nach hinten ab, runde die Rückenwirbelsäule und spanne die Bauchmuskulatur an. Ich bleibe dabei flexibel und unverkrampft. Für einige Momente „rolle" ich mit dem Gesäß mehr auf die hinteren Taschen meiner Jeans und sitze vermehrt gegen das Cantle (Hinterzwiesel) des Sattels. Diese Haltung gebe ich erst auf und kehre zur Normalhaltung zurück, wenn das Pferd deutlich verlangsamt und hinten untertritt. Diese aktiven Gewichtsverlagerungen lassen sich von jedem etwas routinierten Reiter leicht erlernen.

Alle weiteren Gewichtseinwirkungen sind sehr komplex. Der Versuch, sie sinnvoll und korrekt anzuwenden, wird bei einem Reiter ohne eine sehr solide und langjährige Schulung in der Regel fehlschlagen und zwischen ihm und seinem Pferd mehr Verwirrung als Nutzen bewirken.

Kommandos oder akustische Signale

Für viele Reiter sind Stimmsignale oder -kommandos sehr wichtig. Wenn sie sich ihrem Pferd verständlich machen möchten, können sie doch ihr ureigenstes, vertrautes Kommunikationsmittel, die Lautsprache verwenden. Doch Stimmsignale können allenfalls Ankündigungs- oder Vorbereitungscharakter haben, wenn sie sparsam, konsequent und regelmäßig eingesetzt werden. Man sollte sich dabei auf wenige, deutlich zu unterscheidende Laute reduzieren, um das Pferd nicht zu verwirren. Die Praxis zeigt, dass Pferde auf Lautsignale eher beliebig reagieren und sie durchaus gern ignorieren.

Ich verwende akustische Signale als Ankündigung weiterer Einwirkungen, um dem Pferd Reaktionszeit zu geben. Als Befehl oder Hilfe im eigentlichen Sinne haben sie für mich keine Bedeutung.

Taktmäßig einwirken – Schwebephasen erkennen

Mit entsprechend **aufeinander abgestimmten** Einwirkungen vermittelt der Reiter dem Pferd seinen Willen über Linienführung, Tempo und Haltung. Sein Ziel ist es, stets darauf zu achten, mit Impulsen oder mit Druck und Nachgiebigkeit einzuwirken. Dauerhaftes Ziehen oder Drücken ermöglicht dem Pferd nur, herauszufinden, dass es dem Reiter an Körperkraft weit überlegen ist. Hat es erst einmal herausgefunden, dass es sich den reiterlichen Einwirkungen durch Muskelkraft widersetzen oder entziehen kann, so wird es diese Fähigkeit beliebig nutzen. Ein Reiter wird dann zu immer größeren Mitteln greifen müssen, um sich Aufmerksamkeit, Respekt und Gehorsam zu erzwingen. Von harmonischem Miteinander

Das Pferd bewegt sich aufmerksam, schwungvoll und willig zwischen den reiterlichen Kontaktpunkten in der „Komfort-Zone".

kann bei solch einer reiterlichen Praxis wohl kaum noch die Rede sein. Damit die Impulse sich im gewünschten Bewegungsverhalten des Pferdes widerspiegeln, sollte ein Reiter lernen, die Beinbewegungen zu erfühlen und die jeweiligen Schwebephasen einzelner Beine mit gezielten Hilfen zu begleiten. Diese Fähigkeit ist Voraussetzung dafür, die Hilfen im richtigen „Timing" geben zu können. Nur solches Timing lässt ein Pferd auf immer feinere Hilfen reagieren. Dem durchschnittlichen Reiter wird es sehr schwer fallen oder gar unmöglich sein, diese Fähigkeit optimal zu entwickeln. Er sollte sich darauf konzentrieren, jeweils den Moment zu erfühlen, da ein Pferd das innere (zur jeweiligen Biegung) Hinterbein untersetzt. Gelingt es ihm, seine Hilfen entsprechend zu platzieren, so kann er schon eine sehr gute Ausbildungsarbeit erzielen.

*Dieses Pferd ist unter dem Reiter exakt gerade.
Seine Hinterbeine treten in die Spur der Vorderbeine.*

Spurtreu reiten

Ein Reitpferd muss erst lernen, seine Muskeln gleichmäßig und koordiniert einzusetzen. Von Natur aus ist es rechts- oder linkshändig veranlagt, wie wir Menschen. Damit es sich nicht ungleich belastet, sondern kontrollierbarer wird, sich besser ausbalanciert und nach jeder Richtung hin gleich wendig wird, sollte es lernen, mit den Hinterbeinen in der Spur der Vorderbeine aufzufußen. In der Reitersprache nennt man diesen Vorgang „Geraderichten". Dieser Prozess zur gleichmäßigen Muskelentwicklung nimmt einen langen Zeitraum in Anspruch. Das Reiten auf gebogenen Linien ist sehr hilfreich, diese Muskelharmonisierung zu erreichen. Der Reiter muss lernen zu fühlen, ob sein Pferd mit den Hinterbeinen in der Spur der Vorderbeine auffußt. Er muss zudem lernen, die Hilfen so am Pferd zu platzieren, dass dies veranlasst wird, bei abweichendem Verhalten die Spurtreue zeitweilig mit Schenkel- und Zügeleinwirkungen wieder herzustellen. Außerdem sollte er umgekehrt in der Lage sein, mit den entsprechenden Einwirkungen sein Pferd zu veranlassen, mit Vorderbeinen und Hinterbeinen auf unterschiedlichen Linien zu gehen, auf zwei Hufschlägen zum Beispiel.

Vom einfachen Signal zur differenzierten Hilfengebung

Reiter und Pferde lernen neue Bewegungsabläufe am leichtesten, wenn einzelne

Lernschritte nacheinander erfolgen und nur nach und nach miteinander verknüpft werden. Ich möchte das am Beispiel einer simplen Lernkette verständlich machen. Man beginnt mit Übungen der Bodenarbeit. Hat das Pferd Verständnis für die Signalbedeutung bestimmter Formen von Körperkontakt, Druck und Nachgiebigkeit entwickelt, so kann dieses Prinzip auch vom Sattel aus angewendet werden.

> **TIPP**

So wird Druck und Nachgiebigkeit zur Hilfengebung

Zunächst lernt das Pferd, dem Druck prinzipiell zu weichen. Der Ausbilder macht deutlich: „Ich möchte dort stehen, wo du stehst, **weiche irgendwohin aus.**" (Herdenverhalten)

Danach kommt eine gewisse Ordnung in das System Druck und Nachgiebigkeit. Dazu versendet der Ausbilder die Information: „Wenn ich rechts Druck gebe, so **weiche** irgendeine Distanz irgendwie **nach links.**" (Einfache Form der Verständigung)

Die Verständigung wird nun präzisiert: „Würdest Du mit der **Hinterhand nach links weichen** und die **Vorhand dabei stehen lassen?**" (Differenzierte Verständigung)

Es findet eine weitere Präzisierung erst dann statt, wenn wiederholte Übungen der ersten Lernschritte zu Verständnis und Gewöhnung geführt haben. Nächste Information: „Mit der Hinterhand nur **einen Schritt nach links weichen.**"

Das Pferd kann sich jetzt schon bewusst auf seine Hinterhand und deren Bewegungsmöglichkeiten konzentrieren.

Nächste Information: „Kannst du mir bitte **das linke Hinterbein einen Tritt** (Hufbreit) **nach links** setzen?"

Das Pferd ist nun in der Lage, einen Kontaktdruck (Signal) mit der Bewegung eines **bestimmten Beines für eine bestimmte Bewegungssequenz** zu verknüpfen. Der Ausbilder hat die Voraussetzung erworben, so präzise Druck und Nachgiebigkeit zu **dosieren** und zu **platzieren**, dass es nicht mehr zu Missverständnissen kommt (Hilfenverständnis).

Nun kommt das Signal einer Schenkelhilfe unter dem Reiter (z.B. ein von hinten nach vorn streifender Kontakt-Druck-Impuls vom Reiterschenkel) während der Schrittbewegung in einer **bestimmten Bewegungsphase**, und zwar in dem Moment, da sich das innere Hinterbein in der Schwebephase befindet.

Das Pferd hat auf diese Weise gelernt, die Bewegungsaktivität in einzelnen Phasen auf eine bestimmte Art eventuell in einer bestimmten Haltung zu verändern und tritt in diesem Falle mit dem inneren Hinterbein weiter unter den Körperschwerpunkt vor (vortreibend-versammlungsmotivierende Hilfen).

Diese Lernkette zeigt in sehr vereinfachter Form auf, wie das Prinzip von Druck (Diskomfort) und Nachgiebigkeit (Komfort) in der Ausbildung genutzt werden kann. Zum besseren Verständnis habe ich am Beispiel eines Hinterbeines nur einen Kontaktbereich aus dem Zusammenspiel aller Hilfen ausgewählt. Von ersten Erziehungsübungen an der Hand bis zum dosierten reiterlichen Einwirken zum Zwecke der Gymnastizierung ist der Bogen gespannt. Die Signale (Druck und Nachgiebigkeit) dienen dabei der Verständigung zwischen Mensch und Pferd. Der zeitliche Rahmen, in dem diese Stufen der Verständigungsübungen durchlaufen werden, umspannt viele Monate.

In der Hackamore-Zäumung beginnt die Ausbildung mit Signalen. In der Wassertrense wird eine differenziertere „Hilfengebung" daraus. Am Ende der Ausbildung geht das Pferd dann korrekt in Form, Haltung und Linienführung in einhändiger Zügelführung auf Stange und reagiert wieder auf Signale.

Vom einfachen Signal zur differenzierten Hilfengebung | 69

Pferde sind schreckhaft. Auf junge Pferde gehören erfahrene Reiter.

Angstmanagement

Ungeübte oder unerfahrene Reiter haben sich mit einer Empfindung auseinander zu setzen, über die man im Allgemeinen ungern spricht, mit dem **Angstgefühl**. Es wird im alltäglichen Reitunterricht leider weitestgehend ausgeblendet oder verdrängt. Dabei ist es ganz normal, dass anfänglich beim Umgang mit Pferden und beim Reiten Angstgefühle aufkommen. Jeder Mensch weiß, dass ein Pferd ihm körperlich bei weitem überlegen ist. Es ist stärker und schneller als er selbst. Die Verhaltensweisen von Pferden sind für viele Menschen zunächst unverständlich, viele lernen ein ganzes Leben lang kaum etwas über das natürliche Wesen und Verhalten der Pferde. Will man sich auf ihrem Rücken halten, so muss ein

> **TIPP**
>
> ### Ängste abbauen
> *Eine Grundregel sollte lauten: **langsam, wenig, richtig**. Wer diese Regel beachtet, wird bewusster handeln, somit schneller Selbstvertrauen gewinnen und damit Ängste abbauen. Jeder Reiter sollte seine **„angstfreie Komfortzone"** kennen und sich in ihr aufhalten. Nur mit Unterstützung und bei optimalen Rahmenbedingungen überschreitet man dann die Grenze in die **„Unsicherheitszone"** kurzfristig, kehrt auf „sicheres Terrain zurück", wagt sich erneut vorsichtig in den Risikobereich vor, zieht sich wieder zurück usw.*

Das Prinzip der Leichtigkeit hat in der Iberischen Gebrauchsreiterei seit Jahrtausenden seine Wurzeln.

komplett neues Balance- und Bewegungsgefühl erworben werden. Die Geschwindigkeit und Plötzlichkeit, mit der es sich bewegen kann, seine angeborene Schreckhaftigkeit, seine physische Kraft, das alles sind Eigenschaften, die Unsicherheit und Ängste beim Ungeübten hervorrufen müssen. Es ist deshalb sinnvoll, sich mit den Angstgefühlen sachlich auseinander zu setzen. Das gilt sowohl für die Betroffenen selbst als auch für Ausbilder und Mitreiter. Ängste lassen sich in der Regel leicht abbauen, wenn der Lernende sich nicht selbst überfordert oder überfordern lässt.

Nach diesem Prinzip werden auf natürliche Weise Ängste abgebaut, das gilt für Menschen und Pferde gleichermaßen. Da Pferde selbst sehr ängstliche Tiere sind, wird allein ein ängstlicher Reiter ein sonst relativ ruhiges Tier unsicher machen. Ein ängstlich reagierendes Pferd macht einen unsicheren Reiter noch unsicherer. Dieser Kreislauf negativer Energien bestimmt heute noch den Alltag vieler Reiter und Pferde. Mit den Übungen, die ich in diesem Buch aufzeige, biete ich den „Weg der kleinen Schritte" an. Auch nicht sehr selbstsichere Reiterinnen und Reiter können sich mit ihm befassen, da alle Übungen ruhig und langsam ausgeführt werden und stets mit Schritt- und Trabübungen begonnen wird. Ängstliche Reiter sollten die Betreuung durch Ausbilder suchen, denen sie wirklich vertrauen können und die sie rücksichtsvoll und motivierend behandeln. Und sie sollten nur mit zuverlässigen Pferden arbeiten. Die Erfahrung zeigt, dass Ängste dann sehr bald abgebaut werden können und das Selbstbewusstsein und das Sicherheitsgefühl der Betroffenen sich deutlich verbessern lässt.

Das Prinzip der Leichtigkeit

Der Begriff der Gebrauchsreiterei hat im deutschen Reiterverständnis kein gutes Image. Wer als Reiter Anerkennung sucht, der wird sich mit dem „Akademischen Reiten" oder mit dem Spitzensport befassen. So sprossen auch in den letzten Jahrzehnten zu nahezu jedem Bereich selbst ernannte „Reitakademien" wie Pilze aus dem Boden. Doch blieb die Realität solcher Aktivitäten oft genug weit hinter dem Anspruch zurück,

Die kalifornische Westernreitweise ging aus der spanischen Reittradition hervor.

der mit dieser Klassifizierung erhoben wurde. Freizeitreiten, Gebrauchsreiten, Arbeitsreiten, all diese Begriffe sind bis heute mit einem negativen Touch behaftet und werden häufig von solchen Reitern belächelt, die sich einer der „anspruchsvolleren Reitweisen" zugewandt haben. Dieses überhebliche und dünkelhafte Verhalten steht dann zwar oft in krassem Widerspruch zum tatsächlichen, eigenen reiterlichen Können, aber dieser Umstand wird natürlich ignoriert und verdrängt. Deshalb möchte ich mit diesem Buch auch den Versuch unternehmen, jenen Freizeitreitern „den Rücken zu stärken", die sich bescheiden aber zielstrebig um eine Verbesserung ihrer Reittechnik bemühen und im täglichen Umgang mit ihren Pferden an der Harmonieverbesserung arbeiten. Und Harmonie ist zwischen Pferd und Reiter immer dort gegeben, wo nicht mit Kraft oder Zwangsmitteln gearbeitet wird. Diese Menschen sind dem alten Ziel, das alle guten Reiter dieser Welt eint, viel näher, als manch einer, der mit 5 kg in jeder Hand sein Pferd zum „Erfolg" führt. Dieses Ziel ist die tatsächliche Leichtigkeit in der Hilfengebung. Über feine Hilfen wird in dieser Zeit sehr viel geredet, doch ob sie tatsächlich auch so häufig praktiziert werden, darüber bilden Sie sich besser selbst Ihr Urteil, liebe Leserinnen und Leser. Denjenigen, die nur in „anspruchsvoller Reiterei" ein erstrebenswertes Ziel sehen, möchte ich nur einige kurze Auszüge aus dem Hintergrund der beiden Gebrauchsreitweisen aufzeigen, die mir als Orientierungsquelle dienen. In diesen Passagen wird deutlich gemacht, wie wichtig diesen Reitern das Prinzip der „Leichtigkeit" war. Und wer jemals ein gut geschultes Rinderpferd geritten hat, der hat erfühlen können, was es bedeutet, von Leichtigkeit zu sprechen.

Das Prinzip der „Leichtigkeit" ist in der kultivierten Gebrauchsreiterei ein Grundprinzip und es kann in der Freizeitreiterei ebenso ein Grundprinzip werden. Auch ein durchschnittlich begabter Reiter kann mit der richtigen Methode zur Leichtigkeit gelangen. Die Übungen, die in diesem Buch aufgezeigt werden, können dabei hilfreich sein.

> **TIPP**

Leichtigkeit in der Gebrauchsreiterei

„Das Endziel ist erreicht, wenn das Pferd von einem Durchschnittsreiter leicht in der Gebrauchshaltung zu reiten ist und im Gelände alleingehend sicher beherrscht werden kann."
(S. 129 RV 37, HDV 12)

„Von entscheidender Wichtigkeit ist es, dass in dem Augenblick, wo das Pferd leicht am Gebiss wird, auch die Hand des Reiters leicht wird." (S. 44, RV 37, HDV 12)

Ed Conell, Californischer Vaquero, Pferdeausbilder in seinem Buch „The Hackamore Reinsman": „Es ist ein grundsätzliches Prinzip, die Leichtigkeit des Kopfes oder die Leichtigkeit in der Hackamore oder am Gebiss zu erreichen."

„Das Pferd muss an leichten Hilfen geritten werden, um die größtmögliche Leistung bei der Arbeit von ihm erwarten zu können. Die Art, wie die Zügel eingesetzt werden, bestimmt, wie leicht es wird."
(S. 9 Hackamore Reinsman)

Don Baldomero Irurigoitea, Lehrmeister des Californischen Vaqueros Arnold „Chief" Rojas: „Um ein Vaquero zu sein, musst du lernen, dich mit deinem Pferd zu verständigen. Alle schönen, silberbeschlagenen Gebisse dieser Erde machen noch keinen Reinsman. Um ein Reinsman (Horseman mit leichter Hilfengebung) zu sein, muss man eine feine Hand haben. Das Gebiss dient dazu, jemandes Gedanken auf das Pferd zu übertragen. Es ist ein Mittel der Verständigung. In diesem Sinne ist ein Gebiss so gut wie das andere."

Ausrüstung

Gute Ausrüstung ist nützlich und eventuell sogar notwendig, um ein möglichst ungestörtes und harmonisches Zusammenwirken von Reiter und Pferd zu erreichen. Doch eine perfekt eingerichtete Sattelkammer nützt wenig, wenn ein Reiter die Funktion und Wirkungsweise seiner Ausrüstung nicht verstanden hat und wenn er Probleme mit ihrer gefühlvollen und zweckmäßigen Anwendung hat. Viele Reiter, die mit einer Standardausrüstung nicht die gesteckten Ziele erreichen, suchen ihr Heil bei allen möglichen modischen, „neuen" Spezialzäumungen und -gebissen. Dabei übersehen sie, dass jedes Gebiss oder jede Zäumung im günstigsten Falle ein Verständigungsmittel, im ungünstigsten ein schmerzhaft wirkendes Zwangsmittel sein kann. Wer mit einer Standardvariante Probleme hat, dem wird es in der Regel an den nötigen Voraussetzungen fehlen, um mit einem komplizierten „Werkzeug" richtig umgehen zu können. Ich empfehle deshalb jedem Freizeitreiter zunächst, sich mit der richtigen Anwendung und Anpassung der Standardausrüstung so vertraut zu machen, dass deren korrekte und fehlerfreie Anwendung keine Probleme mehr bereitet. Doch selbst bei einer so genannten Standardausrüstung sollte man sorgfältig hinschauen, letztlich zählt für das Pferd nur, was es wirklich körperlich bei der Anwendung spürt. Und eine dicke Wassertrense mag aus oberflächlicher menschlicher Betrachtungsweise als mild eingestuft

Wird ein Sperrhalfter verwendet, so sollte es niemals zu eng verschnallt werden.

werden, für das Pferd ist sie dennoch ein großer Fremdkörper im Maul. Ein Sperrhalfter oder Reithalfter mag als nützlich und human bezeichnet werden, letztlich verhindert es, dass ein Pferd einen unangenehmen oder schmerzhaften Gebissdruck durch Öffnen des Maules im Moment mildern kann. Ein Dressursattel mag zwar ein geringes Eigengewicht haben und deshalb als pferdefreundlicher bezeichnet werden. Doch wenn er das Gewicht des Reiters nur auf einer Auflagefläche von einem Drittel der Fläche verteilt, die ein schwererer Sattel belastet, so empfindet ein Pferd das möglicherweise anders. Ein Sattel, der weich aufgepolstert ist und auf der Rückenmuskulatur aufliegt, wird vom Reiter einem Trachtensattel mit starrem Baum gegenüber oft als weich empfunden. Da dieser allerdings auf den Rippenbögen die Hauptlast platziert, wird ein Pferd die punktuelle Druckbelastung des Dressursattels auf der Rückenmuskulatur dagegen eventuell als unangenehmer empfinden als die großflächige Auflage auf den Rippenbögen. Im Bereich der Ausrüstung fehlt es meiner Meinung nach häufig an wirklich sachlicher und nachvollziehbarer Wirkungsanalyse. Stattdessen wird von unterschiedlichsten Interessengruppen mit Halbwissen und Halbwahrheiten argumentiert und damit natürlich zur Verunsicherung der Freizeitreiter beigetragen. Wer sich davor schützen will, sollte sich selbst sachkundig machen,

Mit einem Knotenhalfter und einer einfachen, leichten Wassertrense ist man für die Basisarbeit gut ausgerüstet. Hat man zudem einen gut passenden Trachtensattel mit einem Grundsitz, der dem Reiter einen korrekten Balancesitz ermöglicht, so sind die besten Voraussetzungen vorhanden.

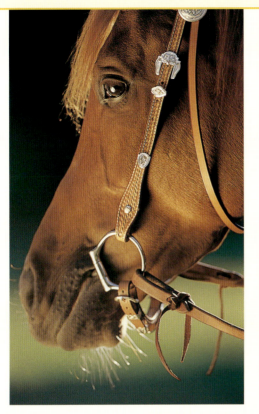

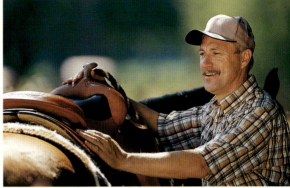

seine Augen, sein Gefühl und seinen gesunden Menschenverstand benutzen. Wer das macht, der kann schon viel dafür tun, um sich und sein Pferd vor den allergrößten Fehleinschätzungen zu schützen. Blindlings jedem „Experten" zu glauben, das hat nachweislich schon so manchen treuherzigen Reiter in Probleme gebracht.

Für die in diesem Buch beschriebenen Übungen benötigt man für die Arbeit an der Hand ein passendes Stallhalfter und eventuell zeitweilig eine Führkette oder Knotenhalfter und ein Leitseil von etwa 4,5 Meter Länge; zwei Longen oder eine Doppellonge, ein kürzere Fahrpeitsche, eventuell eine Dressurgerte.

Für die Übungen unter dem Sattel ist eine Standardwassertrense ausreichend, nicht zu dick und der Anatomie des Pferdemaules angepasst. Ein dem Pferd passender Sattel mit möglichst großer Auflagefläche, der von seiner Sitzform her einen korrekten Balancesitz ermöglicht, sollte eigentlich ohnehin selbstverständlich sein. Ich halte Trachtensättel, die das Gewicht auch auf die Rippenbögen des Pferdes verteilen, für ideale Sättel für das Freizeitreiten. Ob es sich dabei um einen Westernsattel, einen Gebrauchsreitersattel, einen Wanderreitsattel oder einen Sportsattel handelt, das ist unerheblich. Wichtiger ist es, bei der Wahl von Sattel und Sattelunterlage auf eine gleichmäßige Druckverteilung zu achten.

\>\>\>

Übungen an der Hand

Druck und Nachgiebigkeit
Das Grundprinzip der Verständigung zwischen Mensch und Pferd wird am Leitseil erarbeitet.

Lenken und Leiten
Körperkontrolle durch Verständigung: Ein Signal am Leitseil vermittelt dem Pferd, wo die Beine hingesetzt werden.

Rückendehnung
Unausgebunden und zwanglos lernt das Pferd, den Rücken zu entspannen und locker zu laufen.

Gebissverständnis
Durch Biege- und Nachgiebigkeitsübungen lernt das Pferd, die richtigen Muskeln zu entspannen, um dem Gebissdruck nachzugeben.

Körperbewusstsein
Hilfenverständnis und Körperkoordination lernt das Pferd mit touchierender Gerte an der Hand durch Seitwärtstreten.

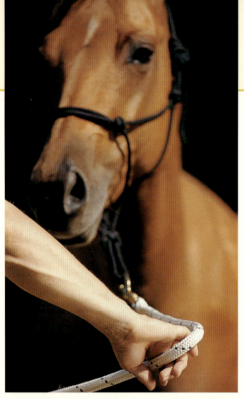

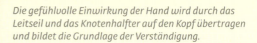

Die gefühlvolle Einwirkung der Hand wird durch das Leitseil und das Knotenhalfter auf den Kopf übertragen und bildet die Grundlage der Verständigung.

Verständigung durch Bodenarbeit

Traditonell gibt es in der Western-Natural-Horsemanship-Methodik eine ganze Reihe von Ausbildungsschritten an der Hand oder vom Boden aus. Ich habe in dieses Buch nur die Übungen einbezogen, die ein durchschnittlicher Freizeitreiter ohne besondere Kenntnisse umsetzen kann und die im direkten Kontakt mit dem Pferd an der Hand durchgeführt werden können. Weitere Übungen, die mehr Sachverstand und z.B. einen Round-Pen notwendig machen oder speziell für die Erziehung von Westernpferden gedacht sind, habe ich nicht berücksichtigt. Außerdem habe ich Übungen an der Hand, wie sie in der Kampagnereiterei praktiziert wurden und heute noch sinnvoll sind, mit einbezogen. Alle Übungen dienen dazu, die **Verständigungsgrundlage** zwischen Mensch und Pferd über den Körperkontakt, über Druck und Nachgiebigkeit und Signale zu entwickeln. Damit wird das **Verständnis** des Pferdes für die Verhaltensweisen, die ihm als Reitpferd abverlangt werden, erst geschaffen. Sie verfolgen auch einen erzieherischen Effekt, da jede Übung mehr **Körperkontrolle** über die Bewegungen eines Pferdes ermöglicht und sowohl das **Abwarten** wie auch das **Weichen** oder **Nachgeben** lehrt. Alle Übungen an der Hand haben auch einen **lösenden** Effekt. Das heißt, sie dienen dazu, ein Pferd muskulär und mental in einen unverkrampften, stressfreien und zwanglosen Gesamtzu-

stand zu versetzen, in dem es die volle **Aufmerksamkeit** auf den Ausbilder richtet und ein differenziertes **Körperbewusstsein** entwickelt. Es entwickelt als Folge eine selbstverständliche **Willigkeit**, die Voraussetzung für zwanglosen **Gehorsam** ist. Alle Übungen bereiten es aber auch auf die Forderungen vor, die ein Reiter vom Sattel aus stellen wird. Diesen Übungen sind nach dem Grundsatz zusammengestellt: „Fordere Deinem Pferd unter dem Sattel nichts ab, was es nicht an der Hand schon gelernt hat und beherrscht."

Übung 1
Hinterhand am Leitseil kreuzen lassen

Wozu dienen die Übungen eins und zwei? Zweck der Übungen ist es, Kontrolle über die Hinterhand des Pferdes vom Boden aus zu erreichen und ungeregelte Vorwärtsmotorik und Steifheiten im Pferd abzubauen. Wenn ein Pferd locker, weich und nachgiebig in seinen Muskeln ist, dann nennt man das auch zwanglos oder losgelassen. Nur wenn es in seinem Körper locker ist, ist es auch in seinem Geist locker. Um durch seinen Körper auf seinen Geist Einfluss nehmen zu können, muss man zunächst auf seine Beine Einfluss gewinnen. Mit der Übung bewirkt man eine Veränderung in der Art und Weise, wie es seine Beine benutzt.

Es kann seine Körpermasse nicht mehr geradeaus im Sinne von „Flucht" vorwärts katapultieren. Es kann seine Körpermasse nicht mehr einsetzen, um den Menschen am anderen Ende des Seils durch die Gegend zu zerren. Durch diagonales Vorwärts-Seitwärts-Kreuzen mit den Hinter- und Vorderbeinen wird es veranlasst, alle Muskeln seines Rumpfes in Wechselwirkung zu benutzen und die Muskeln einer Halsseite und Schulter zu dehnen. Es beginnt, seinem Kopf mit den Beinen zu folgen und die Signale des Halfters am Kopf zu interpretieren. Ebenso richtet es seine Aufmerksamkeit vermehrt auf den Führenden, um sich an seiner Körperhaltung zu orientieren. Es wird in seiner Muskulatur immer lockerer und man gewinnt Einfluss auf sein Bewusstsein und seinen Willen.

Die Übung dient dazu, Kontrolle über Körper und Geist durch Verständigung zu gewinnen. Gleichzeitig verbessert sich die Bewegungskoordination und die Eigenbalance des Pferdes durch Wiederholung der Übungen. Es wird auf engerem Raum wendiger.

Diese Übungen werden auch später immer dann eingesetzt, wenn ein Pferd an der Hand unaufmerksam wird, den Führenden bedrängt, an ihm zerrt oder sich anderweitig respektlos verhält. Die Übungen dienen somit auch der grundsätzlichen Erziehung und Disziplinierung eines Pferdes. Sie werden vom Boden aus erarbeitet und später auch unter dem Reiter weitergeführt.

Das Pferd lernt, das Prinzip von Druck und Nachgiebigkeit im Bewegungsablauf umzusetzen.

Ein Impuls am Leitseil bewirkt ein Kreuzen der Hinterbeine.

> TIPP

Was lernt das Pferd?

*Das Pferd lernt, das Prinzip von Druck und Nachgiebigkeit als Verständigungsmittel zwischen Mensch und Pferd zu begreifen. Es lernt, seine Vorwärtsmotorik und Körperkraft nicht gegen den Menschen einzusetzen oder sich seinem Einfluss damit zu entziehen. Es lernt die Grundlagen, auf die kontrolliertes Führen, Verladen und Reiten gründen. Es lernt, sich auf engerem Raum besser auszubalancieren und zu bewegen und seine Muskeln im Wechselspiel dynamischer und gleichmäßiger einzusetzen. Es kommt in die Rolle des **Reagierenden**.*

Was lernt der Mensch?

*Der Mensch lernt, das Prinzip von Druck und Nachgiebigkeit als Verständigungsmittel grundsätzlich anzuwenden. Er lernt, die Körperkraft und die Vorwärtsmotorik eines Pferdes zu kontrollieren. Er lernt, die Grundlagen der Verständigung und der Kontrolle für das Führen, das Verladen und das Reiten zu etablieren. Er lernt, die Rolle des **Agierenden** zu übernehmen.*

Wie wird die Übung ausgeführt?

Die Übung wird im Schritt und im ruhigen Trab am Knotenhalfter ausgeführt. Um optimale Ergebnisse zu erzielen, ist es wichtig, folgende Punkte stets zu beachten:

Vorwärtstendenz

Das Pferd muss mit genügend Schwung vorwärts gehen, um den Effekt der vorwärts-seitwärts überkreuzenden Hinterbeine zu erreichen. Der innere Hinterfuß muss deutlich vorwärts-seitwärts am äußeren Hinterhuf vorbeitreten, nicht dahinter, daneben oder nur ein klein wenig davor.

Der gleitende Griff (Slide)

Ein direkter Zug mit dem Leitseil am Halfter löst einen reflexartigen Gegenzug oder Muskelblockaden beim Pferd aus. Mit einer gleitenden Bewegung greift die dem Pferd jeweils zugewandte Hand das Seil in der Mitte und formt ein V zwischen dem Pferdekopf und der anderen Hand am Ende des Seils. Dadurch wird ein leichter Druck auf das Halfter aufgebaut. Dies ist sehr wichtig! Die meisten Leute ziehen am Führseil und veranlassen das Pferd zu automatischem Widerstand. Der Slide bewirkt einen komplett anderen Kontakt mit dem Pferd und

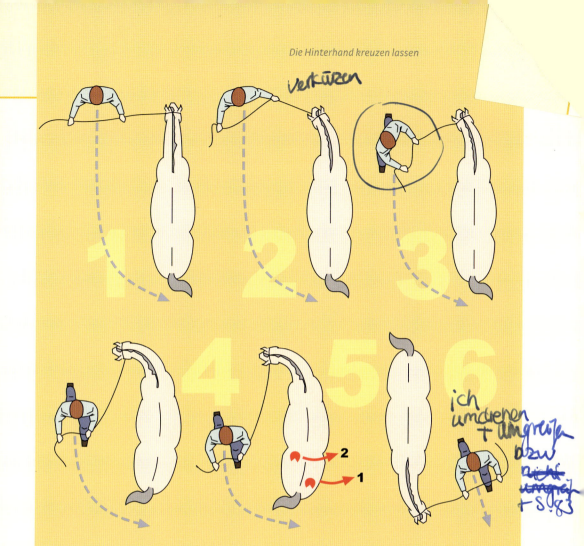

Die Hinterhand kreuzen lassen

provoziert keinen Widerstand. Am Anfang kann es sein, dass man das Seil verkürzen muss und den Gleitgriff oder Slide bis in die Nähe des Halfters fortsetzt. Doch sehr bald wird jedes Pferd williger und nachgiebig reagieren. Um den Unterschied in der Wirkung zu erfühlen, können zwei Leute dies üben, wobei einer das Seil hält und die Rolle des Pferdes übernimmt.

Loslassen
Zu Beginn, wenn man mit steifen oder eigenwilligen Pferden mit dieser Übung beginnt, versuchen diese manchmal, sich dem Einfluss durch den Führenden zu entziehen. Sie versteifen den Hals, versuchen mit Kraft davonzustürmen. Anstatt nun das Seil auf Spannung zu halten und sich nachziehen zu lassen, ist es sinnvoller, dem Pferd genügend Seil zu geben, so dass es ohne Widerstand weiterlaufen kann, um es dann „in das Ende laufen zu lassen". Dazu hält man das Ende des Seils mit beiden Händen und setzt eine Hand an der Hüfte fest auf. Man verschafft sich einen guten Stand, um nicht umgeworfen zu werden, wenn das Pferd das Ende des Seils erreicht und geblockt wird. Der Überraschungseffekt

Ebenso lernt es, auf einen Impulsdruck hin die Vorderbeine zu kreuzen. Diese Übungen schaffen die Grundlagen für Verständigung, Körperkontrolle, Hilfenverständnis und Gymnastizierung. Später wird vom Sattel aus an diese Übungen angeknüpft.

bewirkt, dass es leichter gestoppt werden kann und es wird seinen Kopf zum Führer hinwenden und sich um die Mittelachse wenden. Auf diese Weise ist die Kontrolle wieder hergestellt und der Vorgang hat noch einen erzieherischen Effekt.

Nachgeben

Wenn mit dem Gleitgriff (Slide) Kontaktdruck aufgebaut wird, um das Pferd zu motivieren mit der Hinterhand „auszuschwingen" und aus der Spur zu treten, erwarten wir, dass das Pferd mit dem inneren Hinterfuß kreuzend vor den äußeren Vorderfuß tritt. Um dem Pferd zu vermitteln, dass genau diese „Aktion" von ihm gewünscht wird, ist es wichtig, im richtigen Moment (Timing) am Seil sofort nachzugeben. Warten Sie nicht, bis es diesen Schritt komplett ausgeführt hat und den anderen Fuß bewegt. Versuchen Sie schon dann nachzugeben, wenn der innere Hinterfuß den Boden verlässt. Das belohnt das Pferd für sein Engagement und bald wird es weich und nachgiebig am Leitseil reagieren, ohne sich „hineinzuhängen" oder an Ihnen zu ziehen.

Nach und nach gewinnt man dadurch mehr Kontrolle über die Hinterhand und die Aufmerksamkeit des Pferdes richtet sich voll auf den Ausbilder. Es wird lernen, sich nur auf Aufforderung zu bewegen und stehenzubleiben und abzuwarten, wenn es keine Aufforderung zur Bewegung bekommt.

Übung 2
Vorhand am Leitseil kreuzen lassen

Um Kontrolle über die Schulterposition und die Vorderbeine eines Pferdes zu erreichen, ist die folgende Übung sinnvoll. Mit ihr wird es veranlasst, mit den Vorderbeinen zu überkreuzen und die Schulterpartie zu mobilisieren. Man kann diese Übung im täglichen Umgang mit dem Pferd üben, z.B. wenn man es durch ein Tor auf die Koppel führt. Diese Übung ist für den Führenden etwas schwieriger auszuführen, weil er mit seinen Händen am Führseil umgreifen muss. Dabei kommt es auf ein gutes Timing an. Es ist sinnvoll, dieses Umgreifen vorher zu üben. Ein Freund, der die Rolle des Pferdes übernimmt, kann hilfreich sein, ebenso die Arbeit mit einem routinierten Pferd, das dieses Manöver gut beherrscht.

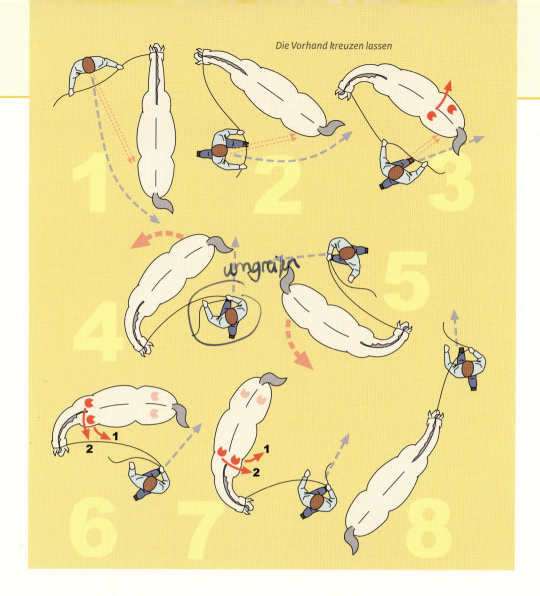

Die Vorhand kreuzen lassen

1 Wechseln der Handposition

Um das Pferd zu veranlassen, mit der Vorhand herumzutreten, gleitet die Hand, die dem Kinn des Pferdes am nächsten ist, vom Pferd weg am Seil entlang und greift es. Die andere Hand lässt das Seilende los und greift über die haltende Hand in Richtung Pferdekinn über und greift das Seil so, dass der kleine Finger zum Pferd und der Daumen zum eigenen Körper zeigt. Nun wird die Hand, die ursprünglich in Richtung Pferdekopf platziert war und das Seilende hält, hochgehoben. Damit wird das Pferd veranlasst, mit den Vorderbeinen eine Wendung einzuleiten.

2 Nachgeben

Wie beim Übertretenlassen mit den Hinterbeinen ist gutes Timing wichtig. Nachdem leichter Druck am Halfter aufgebaut ist und das Pferd zum ersten Mal mit dem äußeren Vorderbein überkreuzt, müssen Sie am Seil nachgeben, um allen Kontaktdruck abzubauen. Tun Sie das schon in dem Augenblick, wenn das Pferd mit dem äußeren Bein abfußt. **Dieses Timing ist sehr wichtig.**

Gelingt es, ein Pferd präzise am Leitseil durch schwierige Übungen zu führen, so ist ein wichtiger Teil natürlicher Erziehungsarbeit vollendet.

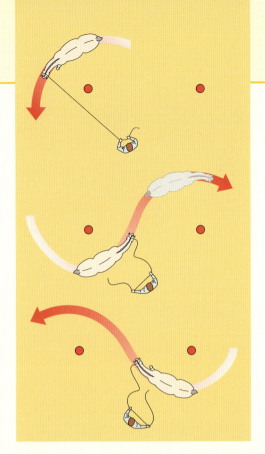

> **TIPP**

Was lernt das Pferd?

Das Pferd lernt, einer ganz bestimmten Linienführung oder einem bestimmten Bewegungsmuster zu folgen, wechselweise die Distanz zum Ausbilder zu vergrößern oder zu verkleinern. Es lässt sich antreiben und im Abstand zum Ausbilder präzise dirigieren, Voraussetzungen, die in der Longenarbeit wichtig werden. Es lernt, sich selbstständig auf gebogenen Linien in natürlicher wechselnder Biegung zu bewegen und dadurch hat diese Übung neben dem erzieherischen Effekt auch einen lösenden und gymnastizierenden. Die Übung trägt dazu bei, dass sich das Pferd auf beiden Körperseiten muskulär gleichmäßiger in allen Bewegungen entwickelt.

Was lernt der Mensch?

Der Mensch lernt, mit seiner Körpersprache so präzise zu werden, dass er ein Pferd auf gedachten Linien kontrolliert dirigieren kann. Er lernt, mit seiner Körpersprache und der Ausrüstung immer selbstverständlicher und routinierter umzugehen.

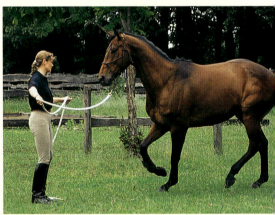

Übung 3
Der Test: Achterfigur um die Tonnen

Wozu dient die Übung? Man kann die in den Vorübungen erarbeiteten Reaktionen des Pferdes überprüfen und festigen.

Wie wird die Übung ausgeführt? Mit zielgerichteter Körpersprache wird das Pferd in einer Achter-Figur um zwei Tonnen oder Pylonen dirigiert, die im Abstand von etwa 8 m aufgestellt sind. Es muss dabei sowohl die Distanz zum Ausbilder verringern als auch vergrößern. Anfänglich werden Sie

Ein Pferd, das auf leichten Druck hin den Kopf senkt, zeigt Vertrauen und Entspannung.

> **TIPP**
>
> ### Was lernt das Pferd?
> *Das Pferd lernt, sich nicht mehr reflexiv gegen direkten körperlichen Druckkontakt zu versteifen, sondern durch Muskeldehnung nachzugeben.*
>
> ### Was lernt der Mensch?
> *Der Mensch lernt, mit gefühlvollen Einwirkungen Körperdruck und Nachgiebigkeit als Mittel der Verständigung einzusetzen.*

Probleme haben, eine gleichmäßige Linienführung und Vorwärtsbewegung zu erreichen. Das ist nicht weiter schlimm. Bemühen Sie sich um eine korrekte Körpersprache und bleiben Sie ruhig, aber beharrlich bei Ihren Forderungen. Mit etwas Übung wird sowohl bei Ihnen als auch bei Ihrem Pferd alles flüssiger und reibungsloser gelingen. Denken Sie daran, es ist zunächst nur ein Test. Eventuell gehen Sie noch mal in die Vorübungen zurück.

Übung 4
Druck und Nachgiebigkeit im Stand

Wozu dient die Übung? Die Übung soll die natürlichen Reflexe des Pferdes zur Muskelanspannung bei Körperkontakt umwandeln in eine „automatische" Muskelentspannung und Nachgiebigkeitsreaktion als Reaktion auf einen Körperkontakt und Körperdruck. Diese Umkonditionierung ist Voraussetzung für alle weiteren Übungen, bei denen Körperkontakt und Körperdruck mit anschließender Nachgiebigkeit durch den Reiter auf das Pferd übertragen als Verständigungsgrundlage dienen soll. Sie ist eine direkte Vorübung für das Führen an der Hand.

Wie wird die Übung ausgeführt? Der Reiter stellt sich neben dem Pferd am Kopf auf. Das Pferd trägt ein Stallhalfter oder ein Knotenhalfter mit Führseil. Der Mensch legt eine Hand von hinten auf den Hals des Pferdes direkt hinter den Ohren. Mit Daumen und Zeigefinger übt er einen direkten, aber behutsamen Druck auf die Muskulatur am Genick des Pferdes aus. Dabei kann der Druck eine leicht an- und absteigende Tendenz haben. Sobald das Pferd auch nur im Ansatz um wenige Zentimeter den Kopf und Hals absenkt, wird der Druck sofort komplett aufgegeben. Sollte das Pferd den Kopf gegen den Druckkontakt anheben, so bleibt der

Druck bestehen, man versucht jedoch nicht, den Kopf mit Kraft herunter zu drücken. Sobald das Pferd eine Abwärtstendenz zeigt, ist sofort nachzugeben. Sie können anfänglich auch eine Kinnkette in das Stallhalfter einlegen und über das Genick des Pferdes oder über seinen Nasenrücken führen.

Für Führübungen an der Hand kann es sinnvoll sein, mit Halfter und Führkette zu üben.

> **TIPP**

Was lernt das Pferd?
*Durch die Übung „Führen an der Hand" lernt das Pferd die Signale am Kopf zu interpretieren und seine Bewegungen dadurch kontrollieren zu lassen.
Es lernt auf die Körperhaltung des Menschen zu achten, auf leichte Berührungen hin zu reagieren und seine Muskelkraft nicht gegen den Menschen einzusetzen und den Individualbereich des Menschen zu respektieren.*

Was lernt der Mensch?
*Der Mensch lernt Drucksignale am Kopf des Pferdes so zu geben, dass das Pferd sich kontrolliert an der Hand lenken und leiten lässt.
Er lernt sich seinem Pferd gegenüber so zu positionieren und zu verhalten, dass es seine Körperhaltung, besonders die Position der Schultern, als Verständigungsmittel begreift.
Er bekommt ein Gefühl für den Individualbereich des Pferdes.
Er lernt, sich im richtigen Timing und gleichmäßig zu bewegen, auf die Körperhaltung und die Beine des Pferdes systematisch Einfluss zu nehmen und Kontrolle auszuüben.
Er entwickelt ein Bewusstsein für Linienführung.*

Übung 5
Führen an der Hand

Die Übung dient dazu, das Pferd zu erziehen, sich an der Hand jederzeit kontrolliert führen, aufstellen, rückwärts richten und wenden zu lassen. Sie ist gleichzeitig eine Übung für direkten Kontakt und Signale am Kopf, die als Verständigungsgrundlage dienen. Mit ihnen wird dem Pferd signalisiert, wo es gehen soll, welche Beine es setzen soll und wann es anhalten und stillstehen soll.

Wie wird die Übung ausgeführt?
Die ersten Übungen erfolgen auf größeren oder kleineren Kreisen, die nicht unbedingt präzise rund sein müssen. Es geht erst einmal darum, überhaupt eine genügende

Auch hier soll das Pferd lernen, auf Impulse am Kopf mit Schulter und Vorderbein sofort zu reagieren.

Auch steife Pferde werden dadurch sehr viel beweglicher und sensibler.

Vorwärtstendenz zu erreichen. Später wird dann auf gerade Linienführung und rechtwinklige Wendungen hingearbeitet.

Der Führende benutzt bewusst seinen ganzen Körper und nicht nur das Leitseil oder gar die Zügel oder ein Gebiss, um ein Pferd kontrolliert zu führen. Dabei achtet er auf weiche und gleichmäßige Bewegungen und vermeidet jede Hektik und Grobheit. Es hilft ihm, ein gutes Timing zu entwickeln, wenn er bei allen Einwirkungen in Gedanken im Rhythmus Eins – Zwei – Drei mitzählt. Das Pferd hat genügend Zeit, die Körpersignale wahrzunehmen und umzusetzen. Der Führende stellt vom leicht durchhängenden Führseil zunächst bei „Eins" einen leichten Kontakt zum Halfter her, bei „Zwei" übermittelt er einen leichten Druck, dem das Pferd nachgeben soll und bei „Drei" wiederholt er diesen gegebenenfalls verstärkt. Dieses System wird wiederholt. So lernt das Pferd, Positionsveränderungen und Körpersignale mit dem Halfterdruck zu verknüpfen und es beginnt nach einiger Zeit, darauf zu reagieren. Vor allem soll es lernen, sich an der Schulterpositionierung des Führenden zu orientieren. Dazu müssen die Schulterbewegungen mit den Impulsen des Leitseiles zeitlich abgestimmt werden. Die Schulterbewegung sollte stets etwa eine Sekunde vor den Seilaktivitäten ausgeführt werden.

Es kann zweckmäßig sein, eine Führkette in Kombination mit einem regulären Stallhalfter zu verwenden, um das Pferd für die Halftersignale zu sensibilisieren.

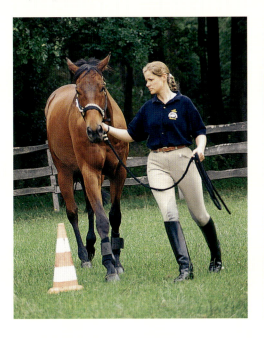

Niemals sollte man einfach nur am Leitseil ziehen, das gilt besonders bei der Verwendung von Trainingshalfter oder Führkette. Direkter Zug löst einen Verkrampfungsreflex und Bewegungsblockaden aus.

Sie stellen sich rechtwinklig neben Ihrem Pferd etwa auf der Höhe des Genicks auf. Der Abstand ist so bemessen, dass Sie Ihren Oberarm seitlich mit gewinkeltem Ellbogen abstellen können, ohne das Pferd zu berühren. Um es anzuführen, nehmen Sie mit Daumen und Zeigefinger das Leitseil etwa 10 bis 20 cm hinter dem Haken oder der Halfterschlaufe. Ihre Hand befindet sich unter dem Kinn des Pferdes. Sie verlagern Ihren Körperschwerpunkt etwas vorwärts, die Schulter und der Brustkasten bewegen sich etwa 10 bis 15 cm vor. Sie geben verbunden mit einem Schnalzen leichte Impulse vorwärts auf das Halfter an das Kinn des Pferdes, bis es sich vorwärts in Bewegung setzt. Sobald es vorwärts geht, bleibt die Hand am Leitseil passiv. Soll sich das Pferd von Ihnen fort wenden, so geben Sie seitlich an den Kopf gerichtete Impulse mit dem Halfter, denen es Schritt für Schritt weichen soll. Geben Sie die Impulse immer dann, wenn sich das Vorderbein auf der Seite, zu der das Pferd weichen soll, in der Schwebe-

So wird die Führkette angelegt.

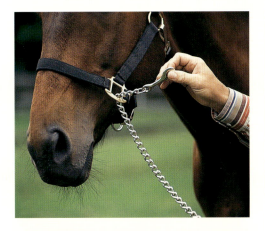

> **TIPP**
>
> ### Richtiger Gebrauch der Führkette
>
> *Wird eine Führkette verwendet, so sind unbedingt folgende Sicherheitsregeln zu beachten:*
>
> ***Niemals** darf ein Pferd an einer aktiv ins Halfter eingelegten Führkette **angebunden** werden.*
>
> *Man sollte **niemals** an einem Seil mit Dauerdruck **ziehen**, wenn es aktiv in die Führkette eingehakt ist.*
>
> *Die Führkette sollte nur für erzieherische Zwecke als Reizverstärker vorübergehend eingesetzt werden, **niemals** darf sie zur „Bestrafung" eines Pferdes grob oder schmerzhaft eingesetzt werden.*

phase befindet. Wenn Sie anhalten möchten, geben Sie gerade rückwärts zum Brustbein des Pferdes gerichtete Impulse auf die Nase des Pferdes, bis es anhält. Dann werden Sie sofort passiv. Um einen Rückwärtsschritt zu fordern, verfahren Sie gleichermaßen, bis das Pferd einen Schritt ausführt, dann bleiben Sie kurz passiv, bevor Sie durch erneute Impulse den nächsten Schritt fordern. Nur mit freundlicher Grundeinstellung und bei gefühlvoller Anwendung wird der Gebrauch der Führkette nützlich.

Das Longieren am langen Leitseil und Knotenhalfter ohne Ausbinder und Gebiss führt zu einer natürlichen und entspannten Körperhaltung.

Allerdings muss durch gezielte Einwirkung auf die gleichmäßige Längsbiegung des ganzen Pferdes korrekt eingewirkt werden.

Übung 6
Longieren, nicht ausgebunden

Wozu dient die Übung? Das Longieren ist eine Maßnahme, die zu den unterschiedlichsten Gelegenheiten zweckmäßig und nützlich sein kann. Doch nur, wenn einige wichtige Aspekte dabei beachtet werden, stellt sich der Nutzen auch ein.
Bei Bewegungsmangel oder wenn ein Pferd nicht geritten werden kann, dient es dazu, ihm geregelt „Auslauf" zu geben und Energieüberschüsse auf diese Weise kontrolliert abzubauen.

Es hat einen erzieherischen Wert, wenn man auf die Distanz, das Tempo, den bestimmten Mittelpunkt des Zirkels, die Spurtreue und die Biegung Einfluss nimmt.

Es fördert die Losgelassenheit und einen gleichmäßigen Bewegungstakt, wenn man dem Pferd die Gelegenheit gibt, sich mit dem Kopf und Hals vorwärts-abwärts zu strecken.

Erlaubt man allerdings dem Pferd, in Linienführung und Tempo beliebig zu agieren, lässt man es häufig mit nach außen gestelltem Kopf auf dem Kreis laufen oder gar am Leitseil oder an der Longe zerren, so ist diese Übung kontraproduktiv. Sie führt dann dazu, schon vorhandene, unerwünschte Bewegungsabläufe und Verhaltensweisen zu festigen oder sogar zu verstärken.

Voraussetzungen? Das Pferd trägt nur das Knotenhalfter, und eine nicht zu leichte Longenleine wird verwendet. Anfänglich ist es ratsam, in einem eingezäunten Bereich zu arbeiten. Steht nur ein Reitrechteck zur Verfügung, so ist es sinnvoll, den Longierbereich z.B. durch Cavalettis oder Stangen abzugrenzen. Ideal ist ein Longierzirkel für diese Übung geeignet.

Aus den Vorübungen ist das Pferd mit Körpersprache, dem Prinzip von direktem und indirektem Druck, Linienbewusstsein und gleichmäßigem Vorwärtsgehen vertraut. Es bleibt aufmerksam und kann sich dabei schnell entspannen. Es folgt den Aufforderungen des Longenführers prinzipiell willig. Der Longenführer sollte mit der Longierpeitsche so gut umgehen können, dass er aus dem Mittelpunkt des Zirkels heraus das Pferd an Schulter, Rippenbereich und Kruppe touchieren kann, ohne es dadurch anderweitig zu irritieren.

Wie wird die Übung ausgeführt? Der Longenführer stellt sich in der Mitte des Longierzirkels auf. Die dem Pferdekopf zugewandte Hand hält die Longenleine, die der Kruppe zugewandte hält die Longier-

> **TIPP**

Was lernt das Pferd?

Das Pferd lernt, auch auf eine größere Distanz die Reaktionen anzubieten, die am kurzen Leitseil schon erarbeitet wurden.
Es lernt, auf gebogenen Linien eine entsprechende gleichmäßige Längsbiegung im Körper zu entwickeln.
Es lernt, die Tempoveränderungen und Richtungsänderungen auf Körpersignale hin über eine etwas größere Distanz präzise auszuführen und mit Stimmkommandos zu verknüpfen.
Es lernt, auch über einen etwas längeren Zeitraum stets gleichmäßig in Tempo und Kadenz zu laufen, ohne dass es ständig dazu angetrieben werden muss.

Was lernt der Mensch?

Er lernt, auf größere Distanz seine Körpersprache zu präzisieren. Er lernt die Bewegungen seines Pferdes in allen Gangarten zu studieren und zu beurteilen und bekommt einen besseren Eindruck über die natürlichen Anlagen des individuellen Pferdes. Er lernt, das Muskelspiel am Körper des Pferdes zu beobachten und kann daraus Rückschlüsse auf den Grad der Entspannungsfähigkeit und Lockerheit sowie auf das allgemeine Bewegungsverhalten ziehen.

peitsche. Da das Pferd auf die Zeichen der Körpersprache achtet, ist es sinnvoll, beide Hände vor dem Körper zu positionieren und

Die Stute geht im raumgreifenden Schritt am losen Kontakt mit gleichmäßiger Biegung.

Sie ist gleichmäßig durch den ganzen Körper gebogen und tritt mit dem inneren Hinterbein gut unter den Schwerpunkt.

die Arme nicht auszubreiten. Sollte eine Aktion mit der Longenpeitsche nötig werden, so ist es wichtig, mit sehr langsamen, weichen und runden Bewegungen der Peitschenspitze die Peitschenschnur schwingen zu lassen. „Stechende", bohrende oder ruckartige Gesten oder Bewegungen mit dem Peitschenarm irritieren ein Pferd und sollten deshalb vermieden werden.

Um das Pferd nach links antreten zu lassen, bewegt man sich ein wenig seitwärts nach rechts und schwingt die Peitschenschnur langsam in Richtung Pferdekruppe. Man kommt so in eine Position „hinter" das Pferd und es lässt sich leicht antreiben. Sobald es regelmäßig geht, bezieht man wieder den Mittelpunkt des Zirkels. Anfänglich ist es nicht so wichtig, ob das Pferd in einer korrekten Haltung läuft, es soll zunächst nur regelmäßig vorwärts gehen. Dann beginnt man, vorsichtig die Peitschenschnur in Richtung der Pferdeschulter zu schwingen und wer die Peitsche gut beherrscht, sollte das Pferd einige Male behutsam mit dem Ende der Schnur an der Schulter auf der Höhe des Ellbogens oder in der Gurtlage touchieren. Auf diese Weise wird es veranlasst, auf dem Zirkel außen zu bleiben und nicht die innere Schulter „hängen" zu lassen. Mit leichten Impulsen wirkt man mit der Longenleine auf den Kopf ein, um es mit der Nase immer wieder etwas hereinzuholen. Werden diese beiden Einwirkungen immer wieder ohne Hektik konsequent angewendet, so lernt das Pferd sehr schnell, einen runden Zirkel zu laufen, den Abstand zum Longenführer nicht unaufgefordert zu verringern und es wird sich mit der Zeit immer öfter und besser mit der Muskulatur der Außenseite dehnen. Als Folge dieser Muskeldehnung wird es eine gleichmäßige Längsbiegung anbieten, ruhiger und taktmäßiger gehen und sich immer besser entspannen. Dies äußert sich beson-

Auch im Trab bleibt sie locker und gebogen. Sie streckt den Kopf vorwärts-abwärts in optimaler Muskeldehnung vor.

Sie winkelt die Beine sehr gut und tritt mit den Hinterbeinen in die Spur der Vorderbeine.

ders darin, dass es beginnt, den Kopf abzusenken und den Hals nach vorwärts-abwärts zu strecken. Es mag dabei fast die Erde mit der Nase berühren. Diese Streckung ist erwünscht und ein Zeichen dafür, dass es sich in der gesamten Muskulatur seiner „Oberlinie" entspannt. Natürlich wird ihm das auf einer Seite nicht so leicht fallen wie auf der anderen, da alle Pferde wie wir Menschen „rechts- oder linkshändig" sind, also eine etwas steifere Seite haben. Durch die regelmäßige Arbeit über längere Zeiträume wird diese zwanglose Longenarbeit aber zu vermehrter Losgelassenheit und gleichmäßigerer Muskeltätigkeit führen. Will man das Pferd verlangsamen, so senkt man die Spitze der Peitsche und gibt ihm ein beruhigendes akustisches Signal, möchte man es aktivieren, so hebt man die Longepeitsche mit der Spitze an und schwingt die Schnur weich und regelmäßig. Möchte man das Pferd anhalten, so bewegt man sich einen Schritt seitwärts vom Mittelpunkt in die Bewegungsrichtung des Pferdes und gibt einige zupfende Signale mit der Leine und ein verbales Kommando. Man sollte darauf achten, dass ein Pferd niemals selbstständig entscheidet, zur Mitte zu kommen oder zu wenden. Sollte es das versuchen, so muss man mit der Körperpositionierung und der Longepeitsche diesen Versuch verhindern. Dieses unausgebundene Longieren hilft dem Pferd, zwanglos zu regelmäßigen und ausbalancierten Bewegungen zu finden, sich dabei zu entspannen und es lernt nicht, sich auf ein Gebiss zu „stützen" oder zu „lehnen". Es lernt, Signale vom Kontakt her umzusetzen und wird nicht in eine Haltung gezwängt. Wenn das Pferd ohne Problem locker, gleichmäßig und konzentriert auf dem Zirkel läuft, kann man ihm zur Gewöhnung ein Wassertrensengebiss einlegen, ohne jedoch zu diesem Zeitpunkt darauf einzuwirken.

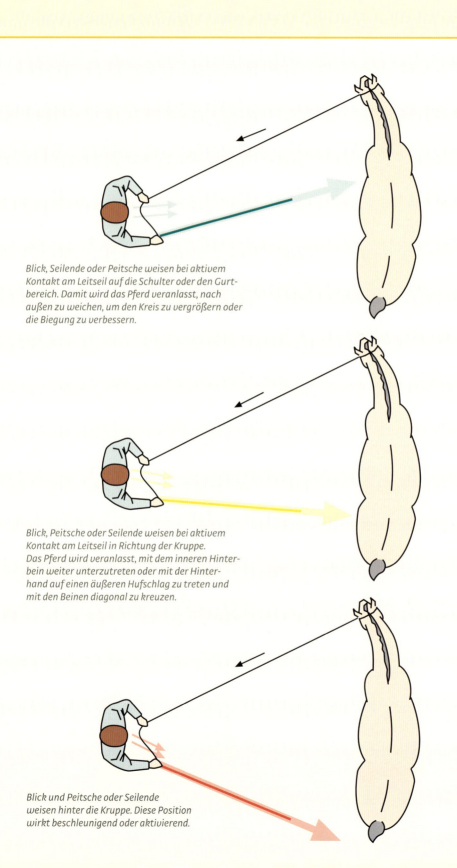

Blick, Seilende oder Peitsche weisen bei aktivem Kontakt am Leitseil auf die Schulter oder den Gurtbereich. Damit wird das Pferd veranlasst, nach außen zu weichen, um den Kreis zu vergrößern oder die Biegung zu verbessern.

Blick, Peitsche oder Seilende weisen bei aktivem Kontakt am Leitseil in Richtung der Kruppe. Das Pferd wird veranlasst, mit dem inneren Hinterbein weiter unterzutreten oder mit der Hinterhand auf einen äußeren Hufschlag zu treten und mit den Beinen diagonal zu kreuzen.

Blick und Peitsche oder Seilende weisen hinter die Kruppe. Diese Position wirkt beschleunigend oder aktivierend.

Übung 7
Abkauen lassen und Biegen an der Hand

Wozu dient die Übung? Das Abkauen lassen an der Hand auf Trense gezäumt und das Flexionieren dient dazu, die Nachgiebigkeit des Pferdes auf den Druckkontakt zu erreichen, der durch ein Gebiss auf Zunge, Maulwinkel und Lefzen, nicht aber auf die Laden ausgeübt wird. Es ist gleichzeitig eine „lösende" Übung. Solche Druckkontakte werden später im Rahmen reiterlicher Einwirkungen mit den Zügeln zur Verständigung mit dem Pferd vom Sattel aus eingesetzt. Ein Pferd muss für solche Einflüsse empfänglich sein, damit eine Verständigung zustande kommen kann. Es darf sich nicht gegen den Kontakt versteifen oder wehren, sondern es soll dem Druckkontakt dort, wo er am Körper wirkt, weich nachgeben. Dazu muss es lernen, bestimmte Muskelgruppen zu lockern und zu dehnen, sich „loszulassen". Nur wenn es muskulär nachgiebig und geistig aufmerksam ist, empfindet es die reiterlichen Druckeinwirkungen nicht als störend oder irritierend. Dazu muss ein natürliches Reflexverhalten bei Pferden abgebaut werden: die Tendenz, auf Druckkontakt mit Gegendruck oder Muskelanspannung zu reagieren. Reagiert aber ein Pferd z.B. auf Kontaktdruck der Trense mit Gegendruck, steigert es selbstständig die Druckempfindung. Es empfindet dies als unangenehm, evtl. sogar als schmerzhaft und versucht sich davon durch noch mehr Gegenwehr zu befreien. Solche Tendenzen stören das Vertrauen in die reiterlichen Einwirkungen und damit ist eine Verständigungsgrundlage nicht mehr vorhanden. Mit dieser Übung soll das erwünschte, nachgiebige Verhalten grundsätzlich geschaffen, verbessert und gewohnheitsgemäß konditioniert werden, der Gegenreflex soll abgebaut werden.

> **TIPP**
>
> ### Was lernt der Mensch?
> *Der Mensch lernt, die individuelle Reaktion eines Pferdes auf den Gebissdruck zu beurteilen. Er lernt, mit wohldosierten und präzisen Druckplatzierungen, unterschiedliche Reaktionen der Nachgiebigkeit beim Pferd zu erreichen, ohne dass er sich auf etwas anderes konzentrieren muss. Er lernt, Muskelblockaden und unerwünschte Reflexe abzubauen. Ein besseres Verständnis für die Wirkungsweise von Gebissen und die individuelle Reaktion eines Pferdes sollte sich daraus ergeben.*
>
> ### Was lernt das Pferd?
> *Das Pferd lernt, den zeitweiligen Druck, der vom Gebiss ausgeht, mit entsprechend nachgiebiger Reaktion zu beantworten. Es entkrampft sich in der Hals- und Kiefermuskulatur. Es lernt somit erste lösende Übungen kennen. Es lernt, sich am Gebiss zu positionieren und anzupassen.*

Zum seitlichen Abbiegen stellt man sich neben das Pferd.

Vor das Pferd stelle ich mich, um es im Genick und den Ganaschen nachgeben zu lassen.

Wie wird die Übung ausgeführt? Der Ausbilder stellt sich vor das Pferd und schaut es an. Er fasst mit der linken Hand den rechten und mit der rechten Hand den linken Zügel dicht an den Trensenringen. Die restlichen Zügelenden hält er in einer Hand. Er übt dann mit beiden Händen einen weich beginnenden, dann gleichmäßig wechselnden Druck mit dem Mundstück auf die Lefzen aus, um das Pferd im Genick zur Nachgiebigkeit zu bewegen. Sobald es die Neigung dazu zeigt, gibt der Ausbilder nach, so dass als Folge der erhöhten Nachgiebigkeit eine kauende Tätigkeit des Maules entsteht. Hat sich das Pferd nach einigen Wiederholungen an den Druck auf beiden Maulseiten gewöhnt und versteift sich nicht mehr, so kann man mit dem Biegen an der Hand beginnen. Man stellt sich dazu wie beim Abkauen lassen vor das Pferd. Soll sich das Pferd nach rechts biegen, so gibt die linke Hand mehr Druck auf die linke Trensenhälfte, die rechte Hand bringt das Trensenmundstück je nachdem in tieferer oder höherer Position vor. Dadurch biegt das Pferd sich seitlich im Hals nach rechts. Die Wirkung beider Hände sollte dabei so abgestimmt werden, dass die Biegung in den Ganaschen stattfindet. Jedes Nachgeben des Pferdes wird sofort durch kurzzeitiges Nachlassen des Gebissdrucks belohnt. Die Übung wird nach beiden Seiten hin einige Male wiederholt.

Durch ruhiges, seitliches Übertretenlassen an der Hand lernt das Pferd, seine Bewegungen besser zu koordinieren und auf Impulse zu reagieren.

Übung 8
Übertreten lassen an der Hand

Wozu dient diese Übung? Diese Übung fördert das Verständnis für einseitige sowie für vortreibende, aktivierende Einwirkungen und die Körperkoordination des Pferdes. Auch fördert sie die Losgelassenheit und wirkt „lösend".

Wie wird die Übung ausgeführt? Das Pferd ist auf einer Seite mit dem Trensenzügel oder einem Ausbinder so ausgebunden, dass es mit Hals und Kopf gerade gestellt ist. Der Reiter befindet sich an der inneren, nicht ausgebundenen Schulter und hält den Zügel dicht am Trensenring. Mit der anderen Hand hält er eine Gerte. Durch Berührungsimpulse dicht oberhalb des Sprunggelenks an der Hinterhand motiviert er das Pferd, mit der Hinterhand auszuweichen. Dies geschieht so, dass das Pferd mit der Vorhand auf einem kleineren Kreisbogen bleibt, während es mit den Hinterbeinen einen größeren beschreibt. Es ist wichtiger, dass es vor allem vorwärts - seitwärts übertritt als nur seitwärts zu gehen. Verliert das Pferd die Vorwärtstendenz, so geht man mit der zügelführenden Hand vor, mit der Gerte aktiviert man die Vorwärtstendenz zusätzlich in Form von Impulsen. Diese werden im Bereich der Kniekehlen des Pferds, also oberhalb des Sprunggelenks, gegeben. Man sollte nicht rückwärts mit dem Zügel auf das Gebiss und damit auf das Pferdemaul einwirken. Durch Wiederholungen lernt das Pferd mit der Zeit die Wendung um die Vorhand an der Hand.

> **TIPP**
>
> ### Was lernt der Mensch?
> *Der Mensch lernt, in Dosierung und Platzierung mit einer Gerte präzise abgestimmte Hilfen zu geben.*
>
> ### Was lernt das Pferd?
> *Das Pferd lernt, auf abgestimmte Berührungsreize einzelne Schritte in diagonaler Ausführung ruhig und gehorsam auszuführen.*

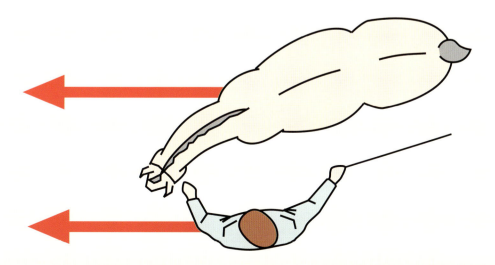

Übungen im Sattel

Zügelnachgiebigkeit
Durch behutsame Kontaktübungen lernt das Pferd, selbstständig und willig nachzugeben und das Gebiss anzunehmen.

Wendungen
Vorhand- und Hinterhandwendungen verbessern das Hilfenverständnis.

Seitengänge
Die Geschmeidigkeit, Balance und Beweglichkeit wird durch Übungen in den Seitengängen systematisch verbessert.

Tempokontrolle
Übergänge zwischen den Gangarten verfeinern die Hilfengebung, Anhalten aus jeder Gangart vermittelt Sicherheit.

Schreckhindernisse
Pferde sind schreckhaft! Mit der richtigen Technik lassen sich alle Situationen problemlos bewältigen.

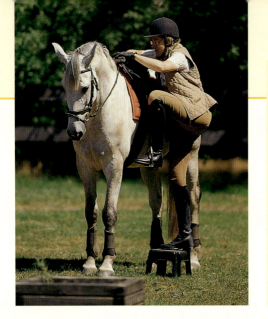

> **TIPP**

Was lernt der Mensch?
Der Mensch lernt, sein Pferd so zu besteigen, dass es sich nicht gestört fühlt oder zu sehr aus dem Gleichgewicht gebracht wird.

Was lernt das Pferd?
Das Pferd lernt, beim Aufsitzen geduldig stehen zu bleiben, bis es aufgefordert wird, sich zu bewegen. Es lernt, sich auszubalancieren, wenn nur ein Steigbügel belastet wird.

Übung 1
Stillstehen beim Aufsitzen und bei Bewegungsübungen im Sattel

Wozu dient die Übung? Ein Sprichwort lautet: „Wie man sich bettet, so ruht man." Auf das Reiten übertragen könnte man sagen: „Wie man aufsteigt, so reitet man!" Wenn ein Pferd sich dem Reiter schon entzieht, während der aufsitzen möchte, wenn es gegen ihn drängt oder aber hektisch und nervös tänzelt, wenn es losstürmt, ohne reiterliche Hilfen abzuwarten, dann ist das immer ein Zeichen für mangelhafte Erziehung und ein stark gestörtes Verhältnis zu seinem Reiter. In aller Regel werden sich solche Störungen dann auch in allen anderen Bereichen der reiterlichen Nutzung widerspiegeln. Es ist deshalb wichtig, auf gute Manieren beim Aufsitzen Wert zu legen.

Wie wird die Übung ausgeführt? Das Pferd hat in den ersten Übungen an der Hand die Grundbegriffe ruhigen Stehens erlernt. Nun kommt es darauf an, es beim Aufsitzen nicht unnötig zu stören oder aus dem Gleichgewicht zu bringen. Bei Pferden, die so groß sind, dass die Reiterin oder der Reiter nicht problemlos einen Fuß in den Bügel setzen kann, sollte man eine Aufsteigehilfe verwenden. Kein Pferd wird gern stehen bleiben, wenn jemand Turnübungen am ihm vollzieht, ihm mit den Fußspitzen in die Rippen bohrt und zum guten Schluss mit vollem Gewicht in den Rücken plumpst. Ein sanftes Einsitzen in den Sattel sollte für jeden Reiter, besonders aber für jene, die etwas mehr Gewicht mitbringen, eine Selbstverständlichkeit sein. Es ist sinnvoll, beim Aufsitzen die Zügel in der dem Pferdekopf zugewandten Hand so kurz zu fassen, dass man einen leichten Kontakt zu beiden Maulseiten erhalten kann, der Zügel auf der Reiterseite ist dabei etwas kürzer gefasst. Sollte das Pferd sich einmal einen Schritt vorwärts bewegen, so kann man es mit einem Impuls gleich wieder ruhig stellen. Nach dem Aufsitzen sollte man stets eine gewisse Zeit ruhig sitzen bleiben, die Zügel nachgeben und wieder annehmen, sich im Sattel zurechtsetzen und dann mit kontrollierten ersten Schritten anreiten.

Übung 2
Ein-Zügel-Nachgiebigkeit, dehnen, Ein-Schenkel-Nachgiebigkeit

Wozu dient die Übung? In dieser Übung sollen das Verständnis für die gewünschte nachgiebige Reaktion und das Vertrauen des Pferdes bei Einwirkungen des Reiters mit Gebiss im Maul und Reiterbein am Pferderumpf vermittelt und verbessert werden.

Wie wird die Übung ausgeführt? Ich reite dafür an der Bande oder am Zaun des Reitplatzes im Schritt entlang. Mit einer Hand halte ich die Zügel mittig über dem Mähnenkamm des Pferdes. Mit der freien äußeren Hand (zur Bande) gleite ich an der Halsseite am Zügel herunter, umfasse den Zügel mit der ganzen Hand und nehme ihn vorsichtig an. Dabei bleibt die Hand dicht am Hals und bewegt sich in Richtung Widerrist, bis ein Kontakt über Zügel und Zäumung zum entsprechenden Mundwinkel des Pferdes (Trense) hergestellt ist. **Dieser Kontakt darf nie zum Zug am Zügel werden, sondern muss stets von der Hand her eine passiv festgestellte Verbindung sein.**

Sollte das Pferd allerdings seinerseits durch Druck gegen die Zäumung reagieren und sich auf diese Weise vom Kontakt befreien wollen, so bleibt die Hand unnachgiebig, selbst wenn es mit aller Kraft versuchen würde, dem Reiter den Zügel aus der Hand zu ziehen. Der Reiter benötigt dafür keine Muskelkraft, wenn er seine Hand auf dem Mähnenkamm aufstützt und sie fest schließt. Ich halte die Hand statisch, lege sie eventuell gegen den Hals des Pferdes, um sie zu stabilisieren oder stütze mich auf dem Mähnenkamm ab, je nachdem, wie die Reaktionen des individuellen Pferdes sind. Ich warte, bis das Pferd eine von zwei möglichen Reaktionen zeigt oder gar beide:
1. Es entspannt seine Halsmuskeln und biegt den Hals ein wenig **seitlich** in die Richtung, in der der Zügel angenommen ist, um den Druck der Zäumung im Maul selbstständig zu mildern.

> **TIPP**
>
> ### Was lernt der Mensch?
> *Der Mensch lernt, die Einwirkungen, die später zu Hilfen werden, wohldosiert und präzise platziert auf das Pferd wirken zu lassen. Er lernt, die individuelle Reaktion jedes Pferdes zu berücksichtigen. Er lernt, jede nachgiebige Reaktion des Pferdes auch mit eigener Nachgiebigkeit sofort zu beantworten. Zunächst konzentriert er sich dabei nur auf einen „Kontaktbereich".*
>
> ### Was lernt das Pferd?
> *Das Pferd hat schon in Übungen vom Boden aus das Prinzip von Druck und Nachgiebigkeit, von Muskeldehnung und Entspannung kennen gelernt. Nun lernt es, dieses Prinzip unter dem Reiter umzusetzen. Um diesen Lernprozess zu erleichtern und um es nicht zu verwirren, wird es zunächst mit der Einwirkung auf eine einzelne „Kontaktzone" vertraut gemacht, bevor es lernt, das Zusammenspiel verschiedener Einwirkungen zu verstehen.*

Mit weichem Kontakt zur linken Maulseite wird die Hand am Hals angelegt.

Gibt das Pferd im Genick und Hals nach, so wird die Hand sofort nachgiebig geöffnet und der Zügel kann durchgleiten.

2. Es entspannt die Nackenmuskeln und gibt im Genick und mit dem Maul **gerade rückwärts** nach, um den Druck der Zäumung zu mildern.

Gibt es mir eine der beiden Reaktionen oder gar beide, so gebe ich sofort nach und lasse den Zügel durch die Hand gleiten. Das Pferd wird sich dann nach vorn abwärts strecken. Weil es den Zäumungskontakt auf der Zaunseite hat, kann es ihn nicht falsch interpretieren und eine Richtungsänderung vornehmen. Der Zaun hindert es daran.

Es wird anfangs einige Zeit dauern, bis sich erste Nachgiebigkeit im Hals zeigt. Jeder noch so minimale Ansatz sollte durch Zügelnachgiebigkeit belohnt werden.

Zeigt das Pferd auf beiden Körperseiten (in beiden Richtungen) eine willige Reaktion, so nehme ich Kontakt mit dem inneren Zügel (zur Bahnmitte hin) auf. Hier haben wir nicht den Zaun oder eine Bande, welche es daran hindern, die Linie (Hufschlag) zu verlassen. Aus diesem Grund lege ich gleichzeitig die Wade des inneren Beines an den Pferdekörper an. Ich halte den Kontakt mit Zäumung und Unterschenkel so lange aufrecht, bis ich die nachgiebige Reaktion im Hals des Pferdes und im Rippenbereich unter dem Unterschenkel spüre, dann allerdings gebe ich sofort mit Hand und Bein nach und werde passiv.

Nun wiederholt man den Vorgang der Kontaktaufnahme mit einem Zügel. Sobald das

Das soll langsam und gleichmäßig nach vorwärts-abwärts geschehen.

Man lässt das Pferd einige Schritte am komplett hingegebenen Zügel gehen, bevor die Hand vorgreift um die Übung zu wiederholen.

Pferd sich mit leicht hohl werdendem Hals anformt, nimmt man behutsam Kontakt mit dem Außenzügel auf. Nur ein sehr weicher und leichter Kontakt soll dort entstehen. Die entsprechende Zügelhand bleibt im Schrittrhythmus passiv und nachgiebig.

Einige Schritte am Kontakt genügen, dann gibt man mit dem äußeren und danach mit dem inneren Zügel wieder nach, um dem Pferd die Streckung und Dehnung des Halses zu ermöglichen.

Der Erfolg dieser Übung hängt von der Fähigkeit des Reiters ab, stets im richtigen Moment, also schon bei dem geringsten Anzeichen von Entspannung, nachzugeben. Niemals sollte er ziehen oder drücken oder nachgeben, wenn das Pferd noch Widerstand leistet. Ich nenne diese Fähigkeit des Reiters die **Kunst des Loslassens!**

Hat das Pferd erst einmal gelernt, sich überall und jederzeit an die Zäumung und den Unterschenkel anzuschmiegen und zu entspannen, so haben wir die optimale Voraussetzung, um die Zäumungs-, Zügel- und Schenkeleinwirkungen als Verständigungsmittel ohne Zwang einsetzen zu können. Außerdem wird so ein hohes Maß an Kontrolle erreicht. Wir fördern damit die Sensibilität des Pferdes und praktizieren das Prinzip der Leichtigkeit. Das Pferd beginnt, sich über den Rücken zu dehnen, ohne sich auf der Vorhand oder am Gebiss schwer zu machen.

Übung 3
An den Zügelkontakt stellen, Blumenstraußprinzip (Abkauen lassen, dehnen, Zügel in einer Hand)

Wozu dient die Übung? Erst, wenn ein Pferd gelernt hat, ohne Abwehr oder Irritation auf die Einflüsse der Zäumung sowie auf den Kontaktdruck von Reiterbein und eventuell Sporn nachgiebig zu reagieren, ist eine Verständigung zwischen Reiter und Pferd im Sinne einer „Hilfengebung" möglich. Die geschah zunächst auf der Basis der „einseitigen Kontakte". Es ist für Reiter und Pferd gleichermaßen sehr viel komplizierter, dieses Prinzip bei Druckkontakten, die an verschiedenen Körperzonen gleichzeitig wirken, umzusetzen. Doch nur wenn das „Zusammenspiel" aller Einwirkungsmöglichkeiten reibungslos und ohne Irritationen funktioniert, ist eine optimale Verständigung möglich. Die Übung soll diese Fähigkeit bei Reiter und Pferd entwickeln helfen.

Wie wird die Übung ausgeführt? Inzwischen reagiert das Pferd jederzeit weich und nachgiebig auf den „Ein-Zügel-Kontakt", man kann es vom losen Zügel jederzeit ohne Irritationen im Schritt an den Kontakt-Zügel stellen. Nun ist das Ziel, das Pferd zu veranlassen, sich bei Kontakt beider Gebissseiten auf beiden Maulwinkeln in gerader Halshaltung mit entspannter Genickhaltung am Gebiss einzustellen und nachzugeben.

> **TIPP**
>
> ### Was lernt der Mensch?
> *Der Mensch lernt mit beiden Händen unabhängig voneinander fein abgestimmte Einwirkungen zu platzieren und im richtigen Moment nachzugeben.*
> *Er lernt mit Gebisskontakt, Zügel- und Schenkelhilfen koordiniert einzuwirken und die Reaktionen des Pferdes individuell zu analysieren.*
> *Er lernt durch entsprechende Variationen die Druckkontakte und die Platzierung der Situation anzupassen.*
>
> ### Was lernt das Pferd?
> *Das Pferd lernt, sich zwischen verschiedenen Kontaktpunkten und Drucksignalen zu positionieren, seine Haltung, sein Tempo und die Richtung entsprechend zu verändern.*

Es soll dabei ruhig und locker weiter im Schritt vorwärts gehen. Dazu nehme ich die lose hängenden Zügel auf, ohne einen direkten Kontakt zum Maul herzustellen. Ich halte sie mit einer Hand, mit der freien Hand, die mit kleinem Finger unten und Daumen oben gehalten wird, bilde ich mit Daumen und Fingern einen losen „Klammer-Griff" unterhalb der Zügelhand um beide Zügel, ähnlich wie man einen Blumenstrauß hält. Ich ziehe die Zügel durch diese „Klammer" bis ein weicher Maulkontakt auf beiden Zügeln entstanden ist. Nun schließe ich die Hand wie eine Klammer und lasse sie mit

Mit der rechten Hand wird der Zügel langsam angenommen, die aufgesetzte linke Hand lenkt den Zügel um und setzt ihn dann fest.

dem kleinen Finger nach unten auf dem Mähnenkamm ruhen. Versucht das Pferd, das Gebiss wegzustoßen, so bleibt meine Handklammer geschlossen. Gibt es jedoch am Gebiss kurz nach, entspannt das Genick und ich fühle, wie der Druck am Zügel nachlässt, so öffne ich die Klammer sofort und lasse die Zügel durchgleiten. Als Folge kann und sollte sich das Pferd mit dem Hals dehnen.

Es kann vorkommen, dass ein Pferd zunächst verhalten und zögerlich geht, in einem solchen Fall muntere ich es mit der Stimme und mit anpendelndem oder streifendem Schenkel zum Weitergehen auf. Sollte es Anstalten machen, stehen zu bleiben, so lockere ich den Klammergriff ein wenig, um ihm so etwas mehr Raum am Gebiss zu geben. Keinesfalls gebe ich mit den Zügeln komplett nach, das würde zu einer falschen Interpretation führen. Es soll ja lernen, weiterzugehen, obwohl das Gebiss im Maul einen Kontakt herstellt. Nach einigen anfänglichen Irritationen wird es dieses Prinzip schnell verstehen und sich immer williger und besser am Gebisskontakt entspannen können. Von nun an empfiehlt es sich, jede Trainingslektion mit

Die Übung kann auch im Trab ausgeführt werden. Einmal festgesetzt, wartet man, bis das Pferd die Halsmuskeln dehnt und im Genick nachgibt.

Dann lässt man die Zügel langsam durchgleiten.

diesen Übungen zu beginnen. Dabei sollte man aber in stetem Wechsel die „Einzügel-Variante" nach beiden Seiten und die „Blumenstraußvariante" mit gleich langem oder einem etwas verkürzten Zügel durchführen. Diese Übungen des „an die Zügelstellens" fördert das Vertrauen des Pferdes in die Zäumungseinwirkungen und konditioniert eine weiche Nachgiebigkeit, erhält somit seine Sensibilität gegenüber den Einwirkungen. Es ist eine ideale „lösende Übung", die

kraft gegen die Zäumungseinwirkung einzusetzen, um sich der Forderung des Reiters zu entziehen. Um die gleiche, selbstverständliche Nachgiebigkeit dem Schenkeldruck gegenüber zu konditionieren, mache ich die folgende Übung mit ihm.

Zweck dieser Übung ist es, dem Pferd zu vermitteln, dass es dem Schenkelimpuls, der in einer Zone, die mit dem hinteren Körperbereich in Zusammenhang gebracht wird,

überall praktiziert werden kann und in kürzester Zeit zum Erfolg führt. Das Pferd macht die Erfahrung, dass es niemals überraschend oder grob mit der Zäumung im Maul angefasst wird. Es entwickelt keine Verkrampfungsreflexe, sondern Entspannungsreflexe. Es kann nie lernen, Muskel-

durch seitliches Ausweichen mit der Hinterhand nachgeben kann. Es soll nicht schneller werden oder vermehrt über die Schulter diagonal vorwärts-seitwärts ausweichen. Ich habe auf der Reitbahn in einem Quadrat oder Rechteck vier Tonnen oder Pylonen aufgestellt. Der Abstand zwischen den Eck-

Die Rückendehnung mit runder Oberlinie und aktiven Beinen wird dadurch immer besser.

Selbst in optimaler Dehnungshaltung fällt das Pferd nicht mehr auf die Vorhand.

markern beträgt etwa 15 - 20 Meter. Ich reite nun im Schritt außen in einem Viereck um die vier Tonnen. Jedesmal etwa ein bis zwei Pferdelängen vor einer Eck-Tonne nehme ich mit dem inneren Zügel und dann mit dem äußeren Zügel Kontakt mit dem Gebiss zum Maulwinkel auf. Nun lege ich meinen Unterschenkel in einer deutlich nach hinten verlagerten Position an die innere Pferdeseite an und gebe Impulsdruck. Der äußere Schenkel ist entspannt und gibt dem Pferd

lobe es und reite in einem Bogen um die Tonne weiter, bis ich auf der nächsten geraden Linie bin. Dafür gebe ich wiederholt entsprechende Zügelsignale mit dem richtungweisenden Zügel. An der nächsten Tonne wiederhole ich die Signale wie schon zuvor, weicht das Pferd mit der Hinterhand, so stelle ich den Schenkelimpuls kurz ab und wiederhole ihn ein zweites Mal. Gibt es mir auch jetzt wieder nach, so gebe ich den Schenkeldruck sofort auf, lobe es, führe es

mit lockerem Knie und leicht nach außen gedrehtem Fußgelenk Raum. Drei Reaktionen können sich einstellen:

1. Das Pferd weicht prompt mit der Hinterhand vom Schenkeldruck weg seitwärts. Sofort lasse ich den Schenkeldruck nach,

mit Zügelsignalen weiter um die Tonne, bis es wieder auf der Geraden geht. Mit der Zeit wird es mir möglich sein, so einzuwirken, dass es mit den Vorderbeinen einen kleineren Kreis um die Tonne geht als mit den Hinterbeinen. Diese Reaktion festige ich durch Wiederholung.

2. Es wird schneller. In diesem Fall baue ich mit Zügelimpulsen etwas mehr Druck auf, gebe die Schenkelimpulse aber behutsam weiter. Bei richtiger Dosierung wird das Pferd wieder langsamer und weicht ein wenig mit der Hinterhand. Erst jetzt gebe ich Schenkelimpulse und Zügeldruck auf. Es hat den Schenkelkontakt falsch interpretiert und glaubt, es solle schneller werden. Es muss erst lernen, dass eine Druckentlastung nicht eintritt, wenn es schneller wird, sondern wenn es seitlich weicht. Um ihm das zu erleichtern, halte ich an, nehme Kontakt mit beiden Zügeln und begrenze es nach vorn. Nun gebe ich ihm Schenkelimpulse mit dem inneren Schenkel, bis es einen Schritt seitwärts macht. Dabei ist es mir zunächst weniger wichtig, ob es schon mit der Hinterhand deutlich übertretend weicht. Wichtig ist, dass es begreift, nicht schneller zu werden, sondern seitlich nachzugeben, wenn es den Schenkeldruck fühlt. Dann lasse ich es kurz nachdenken und wiederhole die Übung.

3. Das Pferd weicht seitlich, jedoch mehr vorwärts-seitwärts und nicht mit der Hinterhand. Ich stelle den Schenkelimpuls nach ein oder zwei Seitwärtsschritten ein und gebe mit dem Zügel ebenfalls nach. Bei der nächsten Ecke (Tonne) achte ich darauf, meinen inneren Schenkel noch weiter nach hinten zu legen. Bekomme ich die gleiche Reaktion wie zuvor, so hat das Pferd immer noch nicht verstanden, was ich von ihm möchte. Ich halte es an, nehme wieder Kontakt mit beiden Zügeln und begrenze es nach vorn. Dabei achte ich besonders darauf, dass der äußere Zügel die Vorwärtsbewegung und die Schulter begrenzt. Dann lege ich den Schenkel weit hinten an und gebe Impulse, bis es mit der Hinterhand einen Schritt weicht. Bei richtiger Dosierung und Platzierung der Druckimpulse sollte es die gewünschte Reaktion mit der Hinterhand nun zeigen. Ich reite weiter auf meiner Grundlinie und bei der nächsten Tonne versuche ich es noch einmal. Sollte es mich wieder missverstehen, so halte ich es an und wiederhole die letzte Übung.

Bei dieser Übung ist man als Reiter versucht, eine Fehlinterpretation des Pferdes durch massiven Einsatz von Zügel- und Schenkeldruck zu begrenzen oder zu korrigieren und es zur gewünschten Reaktion zu zwingen. Dieser Versuchung muss man unbedingt widerstehen. Sinn der Übung ist es, die Sensibilität des Pferdes zu erhöhen und seine Bereitschaft zu fördern, auf feinste Einwirkungen nachgiebig zu reagieren. Es soll Verständnis für die Signalwirkung entwickeln.

Übung 4
Schritt– Halt – Rückwärts im Blumenstrauß mit aktiven Schenkelimpulsen
Ziel: gerade – taktmäßig – genaue Anzahl der Tritte

Wozu dient die Übung? Mit dieser Übung wird die Verständigungsgrundlage für verlangsamende und rückwärts sendende Hilfen geschaffen. Sie ist gleichzeitig eine Vorbereitung für spätere Versammlungsübungen.

Die Anwendung von verhaltenden (vorn begrenzenden) Zäumungseinwirkungen und aktivierenden (von hinten animierenden) Reitereinwirkungen wird in ruhiger und verständlicher Abfolge geübt. Körperkoordination, Balance und Feingefühl werden bei Reiter und Pferd in dieser Übung, die ich die „Schaukel" nenne, gefördert.

Wie wird die Übung ausgeführt? Dazu reite ich das Pferd im Schritt, ich nehme erst Kontakt mit einem Zügel auf, dann mit dem anderen. Eine weiche, entspannte Nachgiebigkeit in Genick und Hals sollte als Resultat des bisherigen Trainings die Reaktion sein. Dabei sollte es im gleichen Rhythmus weitergehen. Nun lege ich zunächst einen Unterschenkel, dann den zweiten an und gebe damit wechselseitig, sich verstärkenden Druckimpuls. Zunächst wird das Pferd

> **TIPP**
>
> ### Was lernt das Pferd?
> *Das Pferd lernt, von seiner natürlichen Tendenz zum „Vorwärts" mit Bewusstsein, Gleichgewicht und Motorik auf „Rückwärts" umzuschalten und in einzelnen, bewussten Tritten die korrekte Körperkoordination und Balance zu entwickeln. Dabei arbeitet es ruhig und ohne Überreaktionen, Hektik oder Blockaden.*
>
> ### Was lernt der Mensch?
> *Der Reiter lernt in dieser Übung, rückwärts gerichtete und verlangsamende Einwirkungen dosiert und im Zusammenspiel abgestimmt zu platzieren. Das Pferd soll in einzelnen Tritten in Rhythmik und Linienführung präzise geführt und geleitet werden.*

schneller werden wollen oder die Schritte verlängern. Ich baue nun mit weicher Verbindung zur Zäumung in dem Maße Zügeldruck auf, in dem es nötig ist, das Pferd da-ran zu hindern, schneller zu werden. Es sollten mehr Druckimpulse von den Schenkeln auf das Pferd einwirken als von der Zäumung. Sobald das Pferd langsamer wird und sich etwas zusammenschiebt, baue ich den Druck wieder ab, um gleich wieder von neuem entsprechend einzuwirken. Bleibt das Pferd zum ersten Mal als Folge dieser „Spannungsübung" stehen, so gebe ich sofort den Druck von Zäumung und Schenkeln auf. Die Zügel gebe ich nicht bei-

Vom losen Zügel nimmt man mit innerem und äußerem Zügel nacheinander Kontakt zum Maul auf.

Danach werden wechselseitige Impulse mit den Waden gegeben, die Hände bleiben ruhig und statisch, ohne zu ziehen.

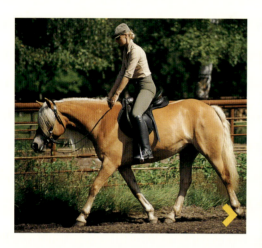

de zur gleichen Zeit vor, sondern zunächst auf einer und dann auf der anderen Seite, um ein gezieltes Vordehnen des Halses zu fördern. Nach einigen Wiederholungen hat das Pferd eine Vorstellung, wie es aus der Spannungssituation (Diskomfort) in die Entspannungs- und Dehnungssituation (Komfort) kommen kann. Sind wir an dem Punkt angekommen, so gebe ich nur kurz nach, wenn das Pferd angehalten hat, baue dann wieder Druck(-impulse) auf, diesmal aber etwas mehr mit der Zäumung als mit den Schenkeln. Das Pferd wird etwas verunsichert sein und den Ausweg in verschiedenen Richtungen suchen. Wenn ich fühle, dass es sich rückwärts bewegen will, gebe ich kurz nach, um dann weitere Impulse zu geben, bis der erste Rückwärtsschritt ausgeführt wird. Nun belohne ich das Pferd durch deutliche Nachgiebigkeit mit den Zügeln und passiven Schenkeln. Danach reite ich wieder vorwärts, indem ich zunächst mit den Zügeln Kontakt zum Maul nehme und Schenkelimpulse gebe. Damit es die Vorstellung für das Vorwärtsgehen entwickelt, gebe ich ein wenig mit den Händen in Richtung Pferdemaul nach. Es wird nach leichtem Zögern vorwärts gehen. Ich wiederhole diese Übung, bis dem Pferd klar ist, dass es sich durch Rückwärtsgehen Entspannung verschaffen kann. Nun kann ich es aus dem Schritt mit entsprechenden Einwirkungen zum Halt und aus dem Halt zum Rückwärts veranlassen. Ich wiederhole diese Übung, bis sie immer flüssiger ausgeführt wird und es immer leichterer Signale bedarf, um sie auszuführen. Bald kann ich mich darauf beschränken, mit feinen Impulsen das Manöver einzuleiten und auf eine saubere und korrekte Ausführung zu achten. Dabei ist es wichtig, wie bei allen Übungen, dem Pferd nicht zu erlauben, selbst Zeitpunkt, Ort, Tempo, Linienführung oder auch

Die Einwirkungen werden gegeben, bis das Pferd anhält und sich rückwärts bewegt.

Dann werden die Zügel wechselseitig nachgegeben, um die Entspannung und Dehnungshaltung zu ermöglichen.

Schrittzahl zu bestimmen. Es ist sinnvoll, in einer fließenden Bewegung aus dem Rückwärts in das Vorwärtsgehen zu wechseln. Mit etwas aktiveren Schenkelimpulsen motiviert man das Pferd zum Vorwärtsgehen, hält aber mit beweglichen Handgelenken einen leichten Druckkontakt zum Maul aufrecht. Wenn das Pferd das erste Mal vortritt und dabei das Genick entspannt und am Gebiss weich wird, ist das Ziel dieses Teils der Übung erreicht. Sofort sollte man mit den Händen nachgeben und eine Halsdehnung ermöglichen.

Durch Wiederholung dieser „Schaukel-Übung" wird das Gleichgewicht unter dem Reiter immer besser, das Pferd beginnt mit seinen Kräften besser zu haushalten und wird lockerer. Muskeln und Gliedmaßen beginnen genau die Funktionen zu

> **TIPP**
>
> *Diese Übung kann später mit fortschreitender Gymnastizierung auch aus dem Trab und sogar vom Galopp zum Trab und vom Trab zum Halt/Rückwärts ausgeführt werden. Dadurch wird die generelle Körperkontrolle oder Durchlässigkeit eines Pferdes verbessert und es lernt auf eine natürliche Weise, sein Tempo jederzeit zu reduzieren, dies in der richtigen Körperhaltung zu tun und dabei stets auf feine Signale zu reagieren.*

konditionieren, die für alle Verlangsamungs-, Halte-, Rückwärts- und Versammlungsübungen als Grundlage dienen.

Als Reiter verbessert man das Gefühl für das individuelle Pferd und dessen Reaktionen.

Übung 5
Wendungen um die Vorhand und die Hinterhand

Wozu dient die Übung? Die Übungen verbessern das Körpergefühl und die Körperkontrolle. Sie verbessern die Körperkoordination und haben einen praktischen sowie einen erzieherischen Nutzen.

Wie wird die Übung ausgeführt? Aus den zuvor beschriebenen Übungen lässt sich leicht eine Wendung um die Vorhand und die Hinterhand entwickeln. Da die Übungen aber aus dem Stillstand ausgeführt werden, fehlt ihnen die Dynamik, die das Üben erleichtert. Ich empfehle diese Übung des halb erst, wenn die zuvor beschriebenen Übungen sehr gut gelingen. Wenn ich Vor- und Hinterhandwendungen erwähne, so müssen wir zuvor klären, was ich darunter verstehe. In der dressurmäßigen Ausbildung nach deutschen Richtlinien für das Reiten werden sehr präzise Anforderungen an diese Übungen gestellt. Ich beschränke mich auf eine vereinfachte Variante, da diese meinen Zwecken absolut genügt. Mir geht es bei der Übung nur darum, das Verständnis des Pferdes für die Kontrolle über seine Vorhand und Hinterhand zum Zwecke der Begrenzung oder Positionierung zu erreichen.

Es genügt mir deshalb, wenn mein Pferd bei der Vorhandwendung mit den Vorderbeinen, bei der Hinterhandwendung mit den Hinterbeinen, auf einem etwa 30 bis 40 Zentimeter großen Bereich tritt, während es sich mit der Hinterhand bzw. mit der Vorhand um das stationär tretende Beinpaar in einem Halbkreis herum bewegt. Zur Orientierung ist es aber gut, eine Wendung um das innere Vorderbein als Wendepunkt anzustreben. Das Pferd soll sich dabei Schritt für Schritt, entspannt und ohne Hektik oder Verkrampfung bewegen.

Die Vorhandwendung misslingt am häufigsten, weil der Reiter seine Schenkeleinwirkungen nicht weit genug hinten am Pferdekörper gibt. Er muss sorgfältig darauf achten, das ganze Bein von der Hüfte abwärts zurückzunehmen. Allzu oft wird

> TIPP

Was lernt der Mensch?
Der Reiter lernt, seine Hilfen präzise einzusetzen. Er lernt, ein Pferd mit den Einwirkungen zu einzelnen präzisen Tritten innerhalb einer Übung zu führen.

Was lernt das Pferd?
Das Pferd lernt, einseitige Druckkontakte als Informationen dafür zu deuten, wo es seine Vorder- und Hinterbeine hinsetzen soll. Es lernt, ruhig, nur mit einzelnen Tritten auf die Einwirkungen des Reiters zu reagieren, ohne Hektik oder Überreaktionen zu zeigen. Es lernt, dabei die Beine diagonal zu bewegen.

Bei der Wendung um die Vorhand werden die Impulse Schritt für Schritt gegeben. Anfangs sollte man nach jedem Schritt kurz verharren. Es ist wichtig, dass man als Reiter gerade und gelichmäßig sitzt, um das Pferd nicht zu stören oder zu behindern.

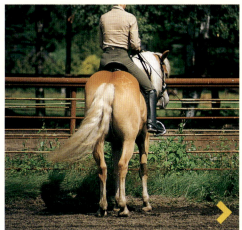

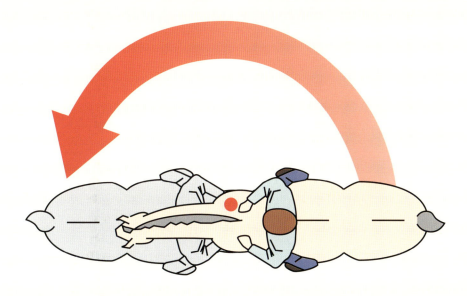

Wendungen um die Vorhand und die Hinterhand

Bei der Hinterhandwendung ist die richtige Abstimmung aller Hilfen aufeinander sehr wichtig.

nur der Unterschenkel vom Knie an schräg nach hinten an den Pferdekörper gelegt und die Hacke hochgezogen. Solche Einwirkungen sind unpräzise und entsprechend reagieren die meisten Pferde.

Meine Hilfengebung für eine **Vorhandwendung** nach rechts (mit der Hinterhand um die Vorhand) ist wie folgt aufgebaut:

Mein Pferd ist nach links leicht mit seitlicher Stellung in Kopf und Hals eingestellt, der innere Zügel (hohle Seite des Pferdes) liegt dicht am Hals. Mein äußerer Zügel liegt ebenfalls dicht am Hals, ohne das Pferd einzuspannen. Ich habe mit dem inneren Zügel eine leichte, passive Verbindung zum Gebissmundstück und damit zum inneren Mundwinkel des Pferdes. Mein äußerer Zügel hält passiv ohne Druck auf das Mundstück Kontakt zum Maul.

Mein äußerer (rechter) Schenkel hängt passiv, meine Hacke ist vom Pferd weggedreht, mein Fuß ist auf die Außenkante der Sohle gerollt, mein Knie hat keine Spannung und gibt dem Pferd sogar ein wenig Raum. Mein Innenschenkel liegt in einer hinteren Position flach, aber ohne Druck am Pferdekörper. Um den ersten Tritt mit einem der Hinterbeine einzuleiten, nehme ich Kontakt mit dem Innenzügel (linke Seite) über das Gebiss zum Mundwinkel und gebe einen Druckimpuls in dem Moment, in dem der Innenschenkel in hinterer Position ebenso einwirkt. Mein äußerer Schenkel gibt dem Pferd deutlich Raum, wenn es die Hinterhand für einen Tritt oder Schritt seitlich herumstellt. Bevor das Pferd die Bewegung beendet hat, gebe ich auf allen Positionen nach und entspanne mich deutlich, um es verharren zu lassen. Dann wiederhole ich die Einwirkungen, bis die 180-Grad-Vorhandwendung Schritt für Schritt beendet ist.

Hinterhandwendungen „verunglücken", weil der Reiter einerseits die Vorwärtsbewegung komplett begrenzen muss, andererseits soll er das Pferd aber mit Zügelkontakt

(und Schenkelkontakt) zum seitlichen Übertreten mit den Vorderbeinen bewegen.

Eine **Hinterhandwendung** nach links leite ich durch folgende Hilfengebung ein und begleite sie Schritt für Schritt bis zur Ausführung. Die Ausgangsposition von Pferd und Reiter sieht wie folgt aus: Kontakt zum inneren Maulwinkel, Stellung nach links (hohle, innere Seite), Außenzügel am Hals. Innenschenkel gibt dem Pferd Raum, Außenschenkel in hinterer Position passiv.

Um den ersten Tritt einzuleiten, nehme ich mit beiden Händen Kontakt zu beiden Maulwinkeln auf ohne die Stellung aufzugeben. Der Außenschenkel wandert in die mittlere oder vordere Position (individuell nach Gefühl zu entscheiden) und gibt nun deutliche Impulse, bis das Pferd sich bewegen möchte. Während der innere Zügel mit passivem Kontakt Verbindung zum Maul hält, gibt der äußere weich und dynamisch nach. Der innere Schenkel gibt vermehrt Raum, das Pferd macht mit den Vorderbeinen einen oder zwei Tritte seitwärts, sein inneres Hinterbein bleibt am Fleck, eventuell führt es mit dem äußeren Hinterbein einen kleinen Tritt aus. Sobald es beginnt, den ersten Tritt mit einem Vorderbein einzuleiten, entspanne ich mich deutlich und baue auf allen Positionen Druck ab. Die folgenden Tritte werden in gleicher Weise ausgeführt, bis die 180-Grad-Hinterhandwendung vollendet ist.

Sowohl bei der Vorhand- wie bei der Hinterhandwendung ist es die Abstimmung der einzelnen Hilfen aufeinander in Platzierung und Intensität, die zur gewünschten Reaktion des Pferdes führt. Merkt man, dass sich in diesen Übungen Pferd oder Reiter verkrampfen, so ist es sinnvoll, einige Minuten locker vorwärts zu reiten, um es erst dann erneut wieder zu versuchen. Lassen Sie sich niemals dazu verleiten, mit Krafteinwirkung und Zwang zu reagieren! Denken Sie immer daran, diese Übungen sind ein schlichter Test, ob es mit der Verständigung zwischen Ihnen und Ihrem Pferd klappt.

Übung 6
Schritt, Trab und Galopp auf dem Zirkel am losen Zügel

Wozu dient die Übung? Das Ziel ist, in allen Gangarten in geregeltem Tempo auf gleichmäßigen Linien kontrolliert zu reiten. Die Verständigung zur Tempokontrolle und Linienführung zwischen Reiter und Pferd wird verbessert und gewohnheitsgemäß verankert.

> **TIPP**
>
> ### Was lernt der Mensch?
> *Er lernt, sein Pferd auf gedachten Linien immer präziser zu lenken, und in den Gangarten Trab und Galopp mit Zügeln, Schenkeln und Gewichtssignalen sinnvoll und feinfühlig einzuwirken.*
>
> ### Was lernt das Pferd?
> *Balance, Geschmeidigkeit, Kraft und Ausdauer in den Gangarten Trab und Galopp werden verbessert. Es lernt, selbstständig einen gleichmäßigen Zirkel zu laufen und sein Tempo zu regulieren und auf immer feinere Hilfen zu reagieren.*

Wie wird die Übung ausgeführt? Es ist nicht leicht, einen gleichmäßigen Zirkel zu reiten, wenn man etwas Abstand von Zaun oder Bande hält und durch diese Eingrenzung nicht geführt wird.

Um ein Gefühl für einen gleichmäßigen Zirkel zu entwickeln, ist es hilfreich, sich vier Pylonen im Quadrat aufzustellen. Der Zirkel sollte gleichmäßig außen in der Nähe der Pylone verlaufen. Für die Trabarbeit sollte er mindestens 10 Meter und für die Galopparbeit 18 Meter Durchmesser haben. Die optischen Hilfspunkte machen es Pferd und Reiter leichter, die Orientierung nicht zu verlieren. Im Bestreben, gleich zu Anfang eine perfekte Linie zu reiten, verkrampfen sich viele Reiterinnen und Reiter und stören und behindern ihr Pferd. Ebenso ist es für untrainierte Pferde nahezu unmöglich, einen gleichmäßigen Kreis zu laufen. Zur offenen Bahnseite oder in Richtung Stall oder Ausgang driften sie zum Beispiel instinktmäßig von der gedachten Linie ab.

Ich empfehle deshalb meinen Schülern, mit ihren Pferden zunächst nicht nach einer präzisen Linienführung zu trachten, sondern sich darauf zu beschränken, ungefähr in einem Korridor von 2 bis 3 Metern Breite zu bleiben. So wird das Pferd immer dann innen oder außen von aktiven Hilfen begrenzt, wenn es den Korridor verlassen will, bleibt es aber im Korridor, so bleibt der Reiter passiv. Das Pferd lernt sehr schnell, sich in der Komfortzone des Korridors zu halten, weil es da von reiterlichen Einwirkungen ungestört bleibt. Hat es sich selbst erst einmal dafür entschieden, ist es sehr viel leichter mit minimalen Einwirkungen zu einer präzisen Linienführung zu gelangen. Ich begebe mich auf einen Zirkel und

Der Reiter verbessert sein Körpergefühl, wenn es ihm gelingt, ein Pferd am hingegebenen Zügel auf Linien zu reiten.

motiviere das Pferd anzutraben. Dafür beginne ich, im Rhythmus seiner Beinbewegungen, immer wenn es das zum Zirkelmittelpunkt gelegene „innere" Hinterbein vorschwingt, mit dem inneren Unterschenkel von hinten nach vorn streifende Impulse zu geben. Fühle ich, dass es die Schrittlänge vergrößert, so lobe ich es, setze kurz aus, aktiviere es aber dann sofort wieder in gleicher Weise. Nach einigen Wiederholungen hat es eine gute Vorstellung, was ich nun von ihm erwarte. Nun schnalze ich rhythmisch und verlagere meinen Oberkörper ein wenig nach vorn. Dabei verlagere ich mein Gewicht vemehrt auf die Oberschenkel und gehe in den Entlastungssitz über, während ich weiter die Impulse mit dem inneren Schenkel gebe. Eventuell steigere ich etwas die Intensität der Schenkelimpulse. Bei richtiger Dosierung und richtigem Timing sollte das Pferd nun antraben. Sobald es antrabt, beginne ich, im Takt der Beinbewegungen leicht zu traben und erhalte so einen flüssigen Rhythmus in dieser Gangart. Dabei habe ich die Zügel weich etwas nachgegeben und locker, ohne sie komplett aus der

Schritt, Trab und Galopp auf dem Zirkel am losen Zügel | 117

Auch die Balancehaltung und zügelunabhängiges, sicheres Reiten werden verbessert.

Hand gleiten zu lassen. Mit einer leichten Bewegung der Hände muss es mir möglich sein, den Kontakt zur Zäumung und damit zum Kopf des Pferdes ohne Irritationen wieder herstellen zu können. Nach etwa einem Zirkel setze ich mich dann in den Sattel nieder, schwinge mit lockerem Sitz mit und nehme leichten Kontakt zunächst mit dem inneren, dann mit dem äußeren Zügel zur Zäumung. Ich sage als Ankündigung für die Aufforderung zum Verlangsamen leise „easy" oder „ruhig". Danach werde ich passiv im Sattel und gebe über einen Zügel leichte Impulse, während der andere passiven Kontakt hält, bis das Pferd sein Tempo deutlich zurücknimmt und zum Schritt überwechselt. Nun gebe ich zunächst mit dem äußeren, dann mit dem inneren Zügel nach und lasse es entspannt im Schritt gehen. Diese Übungen, das Antraben und danach den Übergang vom Trab zum Schritt wiederhole ich wie beim ersten Mal. Das Pferd begreift die Zusammenhänge dieser Übung schnell und beginnt von sich aus schon auf die ersten Signale hin, sich für die ruhige Gangartänderung vorzubereiten. Nachdem diese Übung leicht und locker klappt, versuche ich, es mit etwas anderer Dosierung der gleichen Einwirkungen vom schnellen Trab zum langsamen

Nach und nach gelingen weiches Einsitzen und behutsame Kontaktaufnahme zum Maul im lockeren Trab durch die Übung immer besser.

Trab zu bringen und dann erst zum Schritt. Bald kann es zwischen diesen drei Möglichkeiten auf leichteste Signale hin seine Bewegungen variieren. Natürlich werden seine Veranlagung und sein angeborenes Bewegungsverhalten bestimmen, ob die Bewegungen schon sehr weich und ruhig oder etwas rauer und holpriger sind.

Doch zu diesem Zeitpunkt kommt es mir nur darauf an, seine Bereitschaft zur Mitarbeit, sein Verständnis und seine Eigenkoordination an feinsten Signalen zu verbessern. Später werde ich im Galopp in gleicher Weise einwirken, um ihm die Tempoveränderung während dieser Gangart und den Übergang zwischen Trab und Galopp bzw. Galopp und Trab zu vermitteln. Ich variiere dann zwischen leichtem Sitz und Aussitzen der Bewegungen. Das Pferd wird durch die Wiederholung dieser Übungen leicht und vertrauensvoll auf feine Signale reagieren. Seine eigene Balance und Körperkoordination wird sich unter dem Reiter ohne Irritationen und Störungen durch ihn stetig verbessern. Sein Selbstvertrauen in seine eigenen Fähigkeiten sowie das Vertrauen in die Regelmäßigkeit des Verständigungssystems zwischen Reiter und Pferd werden sich mehr und mehr entwickeln.

Übung 7
Angaloppieren aus dem Trab und Schritt auf dem Zirkel, leichter Sitz, Aussitzen

Wozu dient die Übung? Anders als beim Wechsel zwischen Schritt, Trab und Schritt müssen sich Reiter und Pferd beim Gangartwechsel zum Galopp und wieder zurück in einen komplett anderen, gesprungenen Bewegungsrhythmus begeben. Das führt häufig zu Irritationen, Störungen und Verspannungen. Es ist deshalb wichtig, zunächst in zwangloser Form diesen Gangartwechsel zu üben. Die Vorübungen auf dem Zirkel führten dazu, dass Reiter und Pferd schon ein entsprechendes Körpergefühl für die Zirkellinie vertieft haben und das „lenken" nicht mehr problematisch ist. Viele Reiter können im Galopp noch nicht störungsfrei und anschmiegsam sitzen und die Pferde sind im Tempo oft unregelmäßig. Um in diesen Bereichen mehr Sicherheit zu entwickeln und zu unverkrampftem und natürlichem Bewegungsverhalten zurückzufinden, ist die Übung hilfreich.

Wie wird die Übung ausgeführt? Aus den Trabübungen auf dem Zirkel sind Reiter und Pferd mit der Linienführung des Zirkels vertraut. Ebenso sind Tempoveränderungen und Gangartwechsel grundsätzlich ohne Verständigungs- oder Autoritätsprobleme möglich. Das natürliche Temperament eines Pferdes ist bekannt und der Reiter kann sich individuell darauf einstellen. Zeitweilige Unregelmäßigkeiten in Linienführung, Tempo und Haltung führen nicht mehr zur Verunsicherung von Pferd und Reiter. Man beginnt auf dem Zirkel und wechselt einige Male zwischen einem ruhigen Trabtempo, bei dem man aussitzt, und dem

> **TIPP**

Was lernt der Mensch?
Er lernt, sich dem Rhythmus des Galopps anzupassen. Bewegungsstöße werden im leichten Sitz zunächst sehr viel leichter ausgeglichen. Durch die Stützpunkte in den Steigbügeln und den Oberschenkelkontakt am Sattel ist es leichter, die Balance zu halten und ein sicheres Gefühl in der schnellen Gangart auf dem Pferd zurückzugewinnen. Das Angaloppieren aus den Schritt-Volten hilft dem Reiter, mit ruhigem Sitz und ohne Hast und Verkrampfung in den Galopp überzugehen.

Was lernt das Pferd?
Es lernt, auf einfache Zeichen hin in die Gangart Galopp unter dem Reiter zu wechseln, ohne durch zuviel Körperdruck oder Gebisseinwirkung gestört zu werden. Es lernt, sich in Tempo und Linienführung unter dem Reiter auszubalancieren und selbstständig zu einem ruhigen Tempo in dieser Gangart zu finden. Das Angaloppieren aus den Schrittvolten hilft ihm, ohne Hektik und Verspannung in ruhigen Galopp überzugehen.

Häufiger Wechsel zwischen leichtem Sitz und Aussitzen im Trab fördert einen geschmeidigen Sitz. Die Verbindung zum Maul wird immer gefühlvoller.

Auch im Galopp sollte diese Übung regelmäßig durchgeführt werden.

In dieser Übung lernt die Reiterin, sich mit Händen, Sitz und Wadenimpulsen dem Rhythmus der Pferdebewegung optimal anzupassen.

Häufiger Wechsel zwischen vermehrtem Kontakt und dann wieder leichtem Sitz und losem Zügel lehrt das Pferd, sich selbst besser auszubalancieren.

leichttrabend gerittenen, raumgreifenderen Trab. Im Trab eilt das Pferd inzwischen nicht mehr, sondern empfindet ihn gegenüber dem ruhigen Jog-Trab als anstrengend. Treibt man es nun durch rhythmisches Schnalzen, Schenkelimpulse und eventuell mit einigen „Klapsen" mit einer Gerte oder einem Zügelende an, so wird es bald angaloppieren. Es wird dann den Handgalopp auf dem Zirkel wählen. Das ist eine natürliche Reaktion, wenn es unverkrampft ist und vom Reiter nicht in Rhythmus und Gleichgewicht gestört wird. Sollte es einmal im Außengalopp angaloppiern, so lässt man es einige Galoppsprünge ausführen. Dann veranlasst man es mit rhythmischen, aber weichen Zügelimpulsen und ruhigem Sitzen, zu einem langsamen Trab zurückzukehren. Danach wird es wiederum aufgefordert, anzugaloppieren. Es ist wichtig, keine Hektik aufkommen zu lassen und man sollte nicht versuchen, es durch massive Einwirkungen zu „korrigieren". Ist ein Pferd nach mehreren Versuchen nicht in der Lage, den Handgalopp zu wählen, so sollte man in Vorübungen die Voraussetzungen in Bezug auf Losgelassenheit, Balance und Hilfenverständnis erst einmal erarbeiten. Ein häufiger Wechsel zwischen Trab und Galopp lässt das Angaloppieren bald zu einer Selbstverständlichkeit werden. Jetzt ist es hilfreich, wenn man die Übung weiterentwickelt. Aus dem Galopp veranlasst man das Pferd zum Trab, dann zum ruhigen Trab und zum Schritt zu verlangsamen. Sobald es im ruhigen Schritttakt geht, leitet man es auf eine Volte von 3 bis 4 Metern vom Zirkel nach der Innenseite hin. Mit entsprechenden Zügeleinwirkungen und vor allem durch deutliche Impulse mit dem inneren Schen-

So lässt es sich auch am losen Kontakt kontrolliert aktivieren und beschleunigen.

Es lässt sich aber auch auf minimale Signale hin wieder mit aktiver Hinterhand im Tempo zurücknehmen.

kel wird das Pferd veranlasst, sich auf der Volte zu biegen. Weitere Volten schließen sich am gleichen Ort solange an, bis es absolut locker und taktmäßig in ruhigem Schritt geht und dabei die Biegung um den inneren Schenkel beibehält. Nun plant man aus der Schritt-Volte heraus anzugaloppieren und der Zirkellinie wieder zu folgen. Drei bis vier Schritte, bevor die Volte, aus der heraus angaloppiert werden soll, geschlossen ist und die Zirkellinie berühren würde, beginnt man mit ruhigen und gleichmäßigen Impulsen mit dem Schenkel auf der Außenseite des Pferdes einzuwirken. Gleichzeitig kann man rhythmisch schnalzen und zunächst mit dem äußeren, dann mit dem inneren Zügel etwas nachgeben. Dabei bleibt man ruhig im Sattel sitzen und lehnt den Oberkörper weder seitlich noch vorwärts vor. Auch sollte man es unbedingt vermeiden, mit „Sitzeinwirkungen", „Kreuzanspannen" oder „Gewichtshilfen" einwirken zu wollen, das Pferd würde diese Einwirkungen nicht verstehen und nur irritiert sein. Die Chancen stehen gut, dass es direkt aus dem Schritt oder eventuell mit zwei, drei ruhigen Trabschritten dazwischen angaloppiert. Bei etwas trägen Pferden kann ein aufmunternder Klaps hilfreich sein. Beginnt es zu galoppieren, so dirigiert man es auf den Zirkel. Ist der Galopp ruhig genug, so sitzt man aus, ansonsten geht man in den Entlastungssitz über. Nach einem Zirkel geht man wieder zum Schritt über und leitet es erneut in die Volten, um die Übung zu wiederholen. Diese Routine wird zu beiden Seiten hin ausgeführt und bald wird ein ruhiges Angaloppieren auch schon mal aus dem Schritt von der Zirkellinie ohne vorherige Volte möglich sein.

In dieser Übung lernt das Pferd, sich am leichten Zügelkontakt zu orientieren, ohne sich auf das Gebiss zu stützen oder es wegzustoßen.

Übung 8
Dehnung am nachgebenden Zügel im Schritt und Trab

Wozu dient die Übung? Diese Übung gibt dem Pferd die Möglichkeit, sich über die gesamte Rückenmuskulatur zu dehnen und zu entspannen. Diese Dehnung fördert die so genannte Losgelassenheit und den Takt der Schritt- und Trabbewegung. Sie ist damit eine lösende Übung, die auch zur mentalen Entspannung beiträgt. Durch diese Übung verinnerlichen Reiterinnen und Reiter das Gefühl, mit nachgiebigen Händen die Zügel zu führen und bauen so die Tendenz zum Ziehen ab.

Wie wird die Übung ausgeführt? Die Übung kann auf dem Zirkel oder auch auf dem Hufschlag der ganzen Bahn ausgeführt

> **TIPP**
>
> ### Was lernt der Mensch?
> *Er lernt, den Zügelkontakt so zu gestalten, dass das Pferd sich nicht auf das Gebiss stützen kann und mit den Zügeln so nachzugeben, dass es sich vorwärts-abwärts dehnt.*
>
> ### Was lernt das Pferd?
> *Es lernt, sich an das nachgebende Gebiss heranzudehnen, ohne sich darauf zu stützen oder zu eilen.*

Man sieht sehr gut, wie der Hengst aktiv untertritt, aber leicht am Zügelkontakt bleibt. Dabei ist er locker und durchlässig im Rücken.

Er dehnt sich, sobald der Zügel hingegeben wird, ohne Gewicht vermehrt auf die Vorhand zu verlagern.

werden. Aus einem fleißigen Schritt am lockeren Zügel werden behutsam beide Zügel, zunächst der innere und dann der äußere, verkürzt. Dabei ist es notwendig, mit aktivierenden Schenkelimpulsen die Vorwärtstendenz des Pferdes beizubehalten und eventuell mit verstärkt seitlich begrenzenden Einwirkungen darauf einzuwirken, dass es die Linie nicht verlässt. In den Übungen 2 bis 5 ist das Pferd sehr gut für diese Übung vorbereitet worden. Nachdem es in beidhändiger Zügelführung in Beizäumungshaltung mit leichtem Gebisskontakt ca. 10 bis 15 Schritte geritten wurde, gibt man langsam den äußeren Zügel ca. 10 cm in Richtung Pferdemaul nach. Entsprechend wird sich das Pferd auf der gleichen Seite in der Halsmuskulatur dehnen und den Kontakt zum Gebiss erhalten. Nun wird mit dem inneren Zügel gleichermaßen verfahren. Sollte das Pferd versuchen, das Gebiss mit dem Maul nach vorn wegzustoßen um den Vorgang zu beschleunigen, so wird dieser Versuch mit aushaltender Zügelhand unmöglich gemacht. Sollte es der Reiterin oder dem Reiter an Kraft oder Reaktionsschnelligkeit fehlen, diese Versuche zu unterbinden, so ist es sinnvoll, die Hände am Hals anzustützen. Auf diese Weise sollte es möglich sein, den Zügel „festzustellen". Akzeptiert das Pferd dieses begrenzte Nachgeben, so wiederholt man den Vorgang abwechselnd, bis das Pferd sich im Hals komplett abgestreckt hat. Durch wiederholtes Nachgeben mit den Zügeln in diesem Sinne wird bald ein weiches und gleichmäßiges Vorwärtsdehnen des Halses möglich werden. Nun ist es an der Zeit, aus dem Trab heraus die Übung durchzuführen. Es empfiehlt sich zunächst, sie leichttrabend auszuführen, da so der Pferderücken vom Reitergewicht entlastet wird und das Dehnen der Muskulatur leichter gelingt.

Diese Übung verbessert die Geschmeidigkeit des Pferdes und die einfühlsame Abstimmung aller Hilfen in den schnelleren Gangarten.

Übung 9
Trab in leichter Anlehnung und Trabverstärkung, Galopp am hingegebenen Zügel

Wozu dient die Übung? Durch die Vorübungen ist es dem Pferd möglich, im Schritt und Trab mit leichtem Gebisskontakt unverkrampft und locker zu laufen. Es dehnt sich, wenn die Zügel nachgegeben werden. Nun soll es mit Kontakt am Maul die Schubkraft seiner Hinterbeine aktivieren, ohne sich auf das Gebiss zu stützen oder den Kopf hoch zu nehmen und den Hals zu versteifen.

Wie wird die Übung ausgeführt? Dazu wird ein leichter Maulkontakt im Trab hergestellt. Leichttrabend mit aktiven Schenkelimpulsen, besonders mit dem inneren Schenkel, wird das Pferd zu aktiverem Treten aufgefordert. Stimme und eventuell eine

> **TIPP**
>
> ### Was lernt der Mensch?
> *Er lernt, mit den Händen den Zügelkontakt so zu verändern, dass eine weiche Verbindung erhalten bleibt und so nachzugeben, dass eine Dehnung der Rücken- und Halsmuskulatur des Pferdes nach vorwärts-abwärts erfolgt.*
>
> ### Was lernt das Pferd?
> *Es lernt, sich dem Gebisskontakt für immer längere Zeiträume komfortabel und unverkrampft anzupassen und bei nachgiebigen Zügeln die Rücken- und Halsmuskulatur zu dehnen.*

Gerte können unterstützend die Schenkeleinwirkungen begleiten. Sobald das Pferd einige Tritte schwungvoll und engagiert ausgeführt hat, gibt man mit dem Zügel etwas nach und wird mit den Schenkeln passiv. Mit zunehmender Routine wird die Distanz, in der das Pferd mit Gebisskontakt und aktivem Schub trabt, verlängert. Ein Viertel-Zirkel, dann ein halber Zirkel. Man sollte die belohnende Entspannungsphase aber immer anbieten, bevor das Pferd lustlos wird oder gegen das Gebiss geht. Gelingt diese Übung auf beiden Händen, so kann man das Pferd auch schon mit weichem Gebisskontakt für einige wenige Sprünge galoppieren und dann in gleicher Weise mit den Zügeln nachgeben, um eine Dehnung nach vorwärts-abwärts anzuregen. Durch Galoppieren am hingegebenen Zügel im Wechsel mit wenigen Sprüngen am Kontakt wird sich das Pferd darauf einstellen, auch im Galopp mit leichtem Kontakt im Maul zu laufen, dabei gut im Gleichgewicht zu bleiben und sich nicht auf das Gebiss zu stützen.

In dieser ruhigen Übung wird die Koordinierung aller Einwirkungen verbessert.

Übung 10
Kehrtwendungen im Schritt mit begrenzenden, äußeren Zügel- und Schenkelhilfen

Wozu dient die Übung? Die äußeren, begrenzenden Hilfen werden in das System der Einwirkungen aktiv mit einbezogen.

Wie wird die Übung ausgeführt? Um das Pferd aus dem Schritt durch eine kontrolliert ausgeführte, enge Wendung zu reiten, muss es die Einwirkungen auf seiner inneren und äußeren Körperseite verstehen und sich mit ungewohnt kurzen Tritten auf engem Raum bewegen. Dies fällt ihm anfänglich schwer. Deshalb sollte man in dieser Übung nicht versuchen, eine perfekte Ausführung von Anfang an zu erreichen. Wichtiger ist es, in Ruhe zu arbeiten und ihm Gelegenheit geben, durch wiederholte Versuche sein Verständnis und die Bewegungsabläufe nach und nach zu entwickeln. Geht die Dynamik der Übung verloren, ist es sinnvoll, wenn man die Wendung zu einer kleinen Kehrtvolte modifiziert, um die Vorwärtsmotorik nicht zu verlieren. Das Pferd wird mit kürzer genommenem Zügel nach der Seite der Wendung gestellt. Mit Impulsen auf den inneren Zügel wird das Pferd in die Wendung geführt. Dabei wirkt der innere Schenkel mit streifenden Impulsen sowohl auf die Biegung wie auch auf den Vortritt des inneren Hinterbeines ein. Mit dem äußeren Zügel wird durch Nachgeben

> **TIPP**

Was lernt der Mensch?
Er lernt ein abgestimmtes Zusammenwirken von Zügel- und Schenkelhilfen auf beiden Körperseiten des Pferdes gleichzeitig. Er lernt, sich auf das individuelle Pferd einzustellen und diese Einwirkungen für das Pferd verständlich zu übermitteln. Er lernt, begrenzende Kontrolle über den Pferdekörper und die Bewegungen auszuüben.

Was lernt das Pferd?
Es lernt, sich zwischen den Zügel- und Schenkeleinwirkungen, die auf beiden Körperseiten wirken, lenken und leiten zu lassen und seine Haltung entsprechend zu verändern.

Balance, Längsbiegung, Kreuzen der Beine und Vorwärtsbewegung müssen genau abgestimmt werden, damit die Übung fließend gelingt.

Man sieht deutlich, wie das Pferd sich selbstständig ein wenig versammelt.

in Richtung des Pferdemauls der Grad der Halsbiegung bestimmt. Zeitgleich werden mit dem Zügel im Bereich von Hals und Widerrist vor der Schulter seitliche Kontaktimpulse gegeben, um die Schulter des Pferdes nach außen hin zu begrenzen und die Wendung zu begrenzen. Ebenso wird zusammen mit dem äußeren Schenkel darauf eingewirkt, dass das äußere Hinterbein in der Wendung nicht nach außen herauswandert. Die Zügelhand soll dabei möglichst nicht über den Mähnenkamm wandern. Je mehr es gelingt, das Pferd zu veranlassen, mit dem inneren Hinterfuß vermehrt zu stützen und mit dem äußeren Hinterfuß in Richtung zwischen die Vorderfüße vorzutreten, desto enger wird die Wendung werden. Häufige Wiederholungen verbessern beim Reiter die Abstimmung der jeweiligen Einwirkungen aufeinander. An der Reaktion des Pferdes kann er erkennen, ob seine Hilfen richtig gegeben wurden. Das Pferd wird immer flüssiger mit gut stützendem inneren Hinterfuß immer enger werdende Wendungen ausführen können.

Übung 11
Schenkelweichen

Wozu dient die Übung? Sie bereitet Pferd und Reiter auf gymnastizierende Übungen in den Seitengängen vor. Hilfenverständnis und Hilfengehorsam werden verbessert.

Wie wird die Übung ausgeführt? Die Übung wird stets so ausgeführt, dass das Pferd mit dem Kopf zu der Seite eingestellt ist, auf der die seitlich wirkenden Schenkelimpulse gegeben werden, denen es weichen soll. Dabei soll die Halsbiegung auf ein geringes Maß reduziert bleiben. Auf dem Hufschlag der langen Seite kann der Reiter das Pferd sowohl dem bandenseitigen Schenkel wie dem zur Bahnmitte hin weichen lassen, auf dem Zirkel immer nur dem zur Mitte hin gelegenen Schenkel. Die Übung wird nur im Schritt und für wenige Schritte geübt, bis sie auf beiden Seiten flüssig und korrekt gelingt, danach kann man sie auch im ruhigen Trab ausführen. Die Einwirkungen werden so platziert, dass

die Vorderbeine und die Hinterbeine auf zwei Hufschlägen fußen, die bis zu einem Schritt voneinander entfernt sind. Dabei sollen die (zur Stellung) inneren Beine gleichmäßig vor und über die äußeren treten. Der Reiter gibt streifende Schenkelimpulse mit dem zur Stellung inneren Schenkel immer dann, wenn das gleichseitige Hinterbein den Boden verlässt. Mit dem äußeren Zügel wird die Schulter und damit die Vorhand des Pferdes begrenzt, der innere hält das Pferd in einer leichten Stellung. Es ist anfänglich natürlich, dass ein Pferd entweder nach vorwärts die Übung verlassen will oder mit der äußeren Schulter oder Hinterhand vermehrt ausweichen möchte. Diesen Versuchen muss der Reiter durch entsprechend begrenzende Einwirkungen entgegenwirken. Um das Pferd vom Schenkel weichen zu lassen, der dem inneren des Vierecks zugewandt ist, lässt man es wie zu einer Volte vom Hufschlag in Richtung Bahnmitte mit der Vorhand einen Schritt abbiegen, die Hinterhand verbleibt auf dem bisherigen Hufschlag. Mit Zügelimpulsen und aktivierenden inneren Schenkelimpulsen wird seine Vorwärtsbewegung in eine Vorwärts-Seitwärts-Bewegung umgewandelt. Anfangs nur für wenige Tritte, später für eine längere Distanz, lässt man das Pferd auf zwei Hufschlägen Schritt für Schritt seitwärts treten. Um die Übung zu beenden, lässt man es mit der Vorhand wieder vor die Hinterhand zurück auf den Hufschlag treten. Möchte man das Pferd dem äußeren

> **TIPP**

Was lernt der Mensch?

Er lernt, in der richtigen Dosierung und Platzierung mit Zügeln und Schenkeln auf das Pferd einzuwirken.

Was lernt das Pferd?

Es lernt, seitlich diagonale Schritte auszuführen und die unterschiedlich platzierten Druckimpulse von Zäumung und Schenkel besser zu verstehen und in die vom Reiter gewünschten Bewegungen umzusetzen.

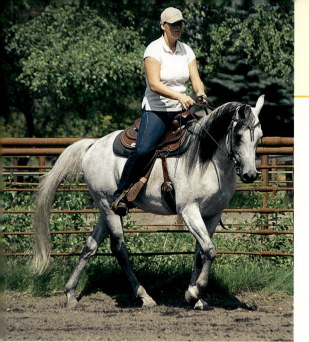

Die Übung sollte stets im richtigen Winkel zur Bande oder zum Zaun ausgeführt werden, um einen positiven Effekt zu erzielen.

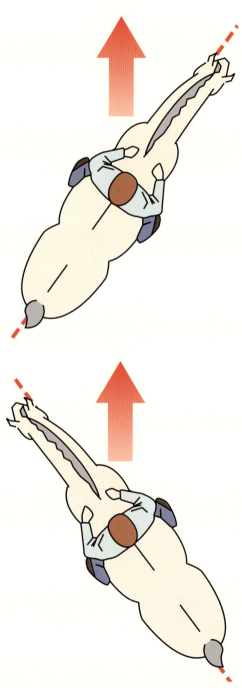

Schenkel weichen lassen, so gibt man Impulse mit dem außenseitigen Zügel. Das Pferd stellt sich jetzt nach der Außenseite ein, nun schließen sich auf dieser Seite Schenkelimpulse an, die das Pferd motivieren sollen, mit der Hinterhand auf den inneren Hufschlag zu weichen und in die Vorwärts-Seitwärts-Bewegung überzugehen. Auch hier ist es von großer Wichtigkeit, mit äußerem Zügel und Schenkel darauf einzuwirken, dass weder Schulter noch Hüfte des Pferdes ausfallen. Zur Beendigung wird das Pferd umgestellt und im flachen Bogen zum Hufschlag zurückgeführt. Diese Variante des Schenkelweichens sollte nur durchgeführt werden, um Pferd oder Reiter mit der Übung vertraut zu machen. Die Bande als Begrenzung erleichtert die Ausführung, nimmt dem Pferd aber auch die Vorwärtsmotivation. Sobald die Verständigung zwischen Reiter und Pferd sich verbessert hat, ist es sinnvoll, die Übung vom bahnseitigen Schenkel her auszuführen. Auf diese Weise dient sie auch als Vorbereitung für die spätere Übung des „Schulterherein".

Übung 12
Viereck verkleinern und vergrößern

Wozu dient die Übung? Um das Verständnis und den Gehorsam für die seitwärts wirkenden Schenkelhilfen weiter zu festigen, wird diese Übung geritten, sobald das Pferd das „Schenkelweichen" willig und flüssig ausführt. Um sie korrekt ausführen zu können, kommt der abgestimmten Einwirkung des (äußeren) Zügels, der dem weichen lassenden Schenkel gegenüber liegt, große Bedeutung zu. Wie beim Schenkelweichen bewegt sich das Pferd in geringer Kopfstellung auf zwei Hufschlägen. Wird die Übung mit nachgiebigem, äußeren Zügel und etwas mehr Kopfstellung und Halsbiegung ausgeführt, so fördert sie vor allem das Schenkelverständnis, die koordinierte und entspannte Vorwärts-Seitwärts Bewegung und damit auch den Schenkelgehorsam. Gleichzeitig hat sie eine lösende Wirkung. Wird mit dem äußeren Zügel ein konstanter und bestimmter Zügelkontakt mit entsprechenden begrenzenden Impulsen ausgeübt, so wandelt sich diese Übung von einer lösenden zu einer versammelnden. Anfänglich sollte das Pferd nur wenige Tritte von der Bande weg diagonal in die Bahn hinein geritten werden. Mit zunehmender Sicherheit von Pferd und Reiter kann die Distanz sich bis auf 5 m steigern. Dabei sollte man stets auf ausreichende Vorwärtstendenz des Pferdes achten.

> **TIPP**
>
> ### Was lernt der Mensch?
> *Er lernt, das nötige Gefühl zu entwickeln, um die Einwirkungen mit den Zügeln und den Schenkeln koordiniert und präzise zu platzieren und im richtigen Takt und mit entsprechender Dosierung einzuwirken.*
>
> ### Was lernt das Pferd?
> *Es lernt, sich mit Vor- und Hinterhand von Zügeln und Schenkeln führen zu lassen. Es verbessert seine Koordinationsfähigkeit insbesondere durch die Diagonalbewegungen der Vorder- und Hinterbeine. Es beginnt, sich an dem jeweils äußeren Zügel mit Kontakt reiten zu lassen und vermehrt mit dem inneren Hinterbein unter die Körperlast zu treten. Dadurch wird etwas mehr Grundspannung in allen Bewegungen aufgebaut und kurzfristig erhalten. Es lernt, sich kurzfristig etwas versammelter zu bewegen.*

Wie wird die Übung ausgeführt?
Man beginnt die Übung zunächst im Schritt auf dem Hufschlag. Aus einer Ecke kommend stellt man das Pferd an den Zügelhilfen mit kürzerem Zügel an der Bandenseite um. Die zunächst äußere Seite wird nun entsprechend der neuen Stellung die innere. Nun platziert man die Einwirkungen mit Schenkeln und Zügelimpulsen so, dass es in dieser Konterstellung parallel zur Bande bleibend diagonal vorwärts-seitwärts geht. Dabei hat der innere Schenkel (zur Stellung)

Die Reiterin lässt das Pferd von rechts nach links das Viereck verkleinern. Die Schulter führt ein wenig in der Bewegung, das ist durchaus in Ordnung.

Bevor sie zum Hufschlag zurückkehrt, reitet sie zunächst geradeaus.

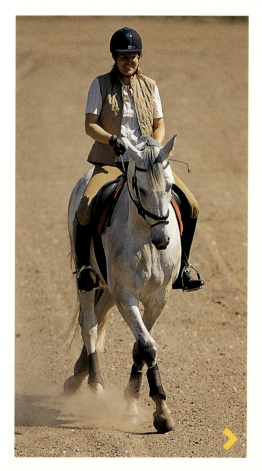

die Funktion, dem Pferd die Impulse für das diagonale Seitwärtstreten zu geben. Immer, wenn das innere Hinterbein sich vom Boden löst, ist der optimale Zeitpunkt, den aktiven Schenkelimpuls zu geben. Der äußere Schenkel liegt etwas weiter zurückgenommen passiv am Pferd und verhindert ein übereiltes Ausweichen mit der Hinterhand. Der Reiter sollte bemüht sein, das Pferd durch entsprechend abgestimmte Einwirkungen möglichst parallel

zur Bande zu halten. Hat man sich auf diese Weise einige Schritte von der Bande weg bewegt, so stellt man das Pferd durch gleichmäßig lang eingestellte Zügel gerade und führt es zwischen Zügelkontakt und Schenkelimpulsen etwa eine Pferdelänge geradeaus. Nun verändert man erneut die Zügellänge und stellt das Pferd mit leichter Halsbiegung so ein, dass es zur Bahnmitte hin hohl wird und lässt es diagonal seitwärts, wiederum parallel

Auch auf der Diagonalen zum Hufschlag zurück führt die Pferdeschulter etwas, so fällt es dem Pferd leichter, die Übung ohne Vorwärtsverlust auszuführen.

Eine gleichmäßige Vorwärtsbewegung durch die ganze Übung ist besonders wichtig.

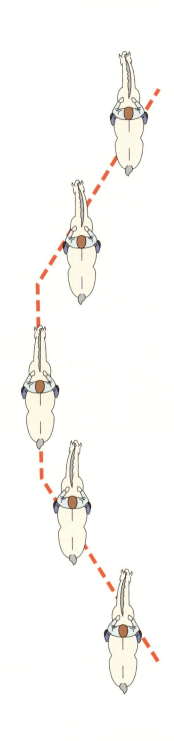

zur Bande, zum äußeren Hufschlag zurückkehren. Dabei gibt der neue innere Schenkel (diesmal auf der Seite zur Bahnmitte) wieder Impulse, wenn das gleichseitige, innere Hinterbein den Boden verlässt. Am Hufschlag wieder angekommen kann das Pferd bis zur nächsten Ecke in Stellung weitergeritten werden. Gelingen die Übungen im Schritt flüssig und locker, so kann man damit beginnen, sie im Trab auszuführen.

Übung 13
Reiten in Stellung und Konterstellung

Wozu dient die Übung? Zum korrekten Durchreiten der Ecken, zur Vorbereitung der Wendungen, auf Volten und beim Schulterherein ist die Stellung des Pferdes erforderlich, um eine koordinierte und balancierte Ausführung mit gymnastizierendem Effekt zu erzielen. Ein Pferd führt die Übung in der gewünschten Form aus, wenn es durch aktive Einwirkung mit den „äußeren Hilfen" in einer gleichmäßigen Längsbiegung erhalten wird. Die Übung schafft die Voraussetzungen für eine gleichmäßigere Funktion der Muskeln auf beiden Pferdeseiten. Sie hilft, die so genannte „natürliche Schiefe" der Pferde abzubauen und schafft so die Voraussetzungen für die Übung, in der das Pferd vermehrt „gerade gerichtet" gehen lernt.

Wie wird die Übung ausgeführt? Der Reiter reitet im Schritt auf dem Hufschlag und stellt mit dem inneren und dann mit dem äußeren Zügel einen weichen Maulkontakt her. Der innere Schenkel hält Kontakt an der Innenseite, der äußere wird mit tiefem Knie weiter zurückgenommen, um mit entsprechendem Kontakt die Hinterhand zu begrenzen und zu führen. Die äußeren Hilfen stehen im Vordergrund und geben die notwendigen Druckimpulse, um das Pferd mit dem inneren Hinterbein in die Spur des inneren Vorderbeines und mit dem äußeren Hinterbein in Richtung zwischen die Vorderbeine fußen zu lassen.

Der Schwerpunkt der Übung liegt auf dem Umstand, dass das Pferd sich an den passiven inneren Zügel angleicht und an den äußeren herandehnt. Gleichzeitig lässt es sich von einem zurückgenommenen äußeren Schenkel im Bereich der Hinterhand begrenzen und setzt dementsprechend die Hinterbeine in der beschriebenen Weise. In kurzen Reprisen von wenigen Schritten wird die Übung begonnen. Besonders am Anfang ist es sinnvoll, immer wieder in eine vorübergehende Entspannungs- und Dehnungshaltung zurückzukehren. Gelingt die Übung

> **TIPP**
>
> ### Was lernt der Mensch?
> *Er lernt, die Einwirkungen von Zügeln, Gebiss und Schenkeln so zu platzieren, dass das Pferd die gewünschte Haltung und die entsprechenden Beinbewegungen ausführt. Dabei entwickelt er besonders ein Gefühl dafür, wie die „äußeren" Hilfen zu platzieren und zu dosieren sind, um Schulter und Hinterhand des Pferdes zu begrenzen und zu führen.*
>
> ### Was lernt das Pferd?
> *Es lernt, die reiterlichen Einwirkungen in Haltung und Linienführung präzise umzusetzen. Es wird motiviert, die gesamte Körpermuskulatur auf der jeweils inneren Seite in der Bewegung zu verkürzen, die der äußeren Seite zu dehnen und den jeweils inneren Hinterfuß vermehrt unterzusetzen. Durch den steten Wechsel zwischen Stellung und Konterstellung wird die Muskeltätigkeit auf beiden Seiten des Pferdes zunehmend gleichmäßiger.*

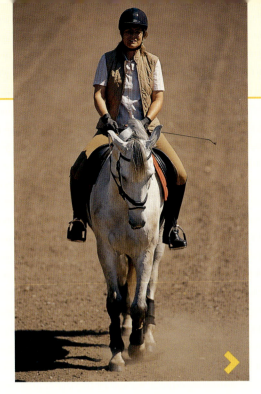
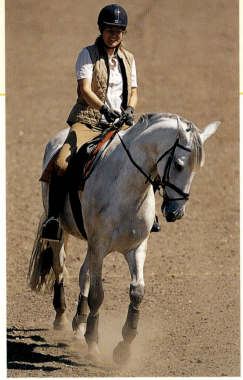

in beiden Richtungen ohne Blockaden oder Verspannungen schon flüssig und ist sie für eine längere Distanz an der langen Seite möglich, so kann sie auch in der Konterstellung geübt werden. Dabei ist das Pferd nach der Außenseite der Bahn gestellt. Führt man es in dieser Haltung in Volten oder Wendungen, so muss es gegen seine Stellung wenden. Dies ist ihm ungewohnt und kann anfänglich zu Irritationen führen. Eine ruhige und bestimmte Einwirkung mit den Hilfen ist wichtig, um ihm die nötige Sicherheit zu geben. Keinesfalls sollte sie aber mit grober Einwirkung erzwungen werden. Das Pferd führt eine Wendung oder Volte in Konterstellung richtig aus, wenn es mit den Außenfüßen (gedehnte Seite) einen kleineren Kreis und mit den Innenfüßen einen größeren Kreis ausführt. Der führende äußere Zügel begrenzt dabei den Vortritt der äußeren Füße. Je geringer die Stellung des Pferdes, desto leichter fällt es ihm, den inneren Hinterfuß vermehrt zu belasten.

Das Pferd soll mit leicht gebogenem Hals mit dem inneren Hinterbein in die Spur des Vorderbeines und mit dem äußeren zwischen die Vorderbeine treten.

Auf diese Weise werden Ecken korrekt durchritten. Das Pferd soll sich an den äußeren, weich begrenzenden Zügel herandehnen.

Die Deutsche Reitlehre (FN) unterscheidet zwischen a) einem gestellten und b) einem gebogenen Pferd.

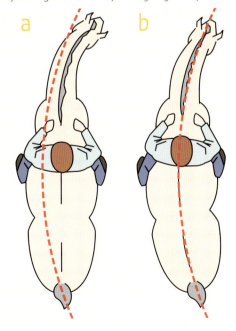

Übung 14
Schulterherein

Wozu dient die Übung? Das Schulterherein ist eine versammelnde Übung. Sie sollte erst ins Übungsprogramm übernommen werden, wenn Pferd und Reiter durch die Vorübungen die Verständigungsgrundlage verfeinert haben und das Pferd eine gute Selbsthaltung erworben hat. Die Mehrzahl aller Freizeitreiter und Pferde ist mit der korrekten Ausführung dieser Übung ohne Anleitung in der Regel überfordert. Für das Reiten auf kontrolliertem Gebrauchsniveau ist sie nicht unbedingt notwendig. Sie kann als Bindeglied für den Übergang in die Sportdressurreiterei oder die Lektionen der Schulreiterei gesehen werden. Nur dann ist die Arbeit im Schulterherein eine sinnvolle Übung, um an der Weiterentwicklung der Harmonie zwischen Pferd und Reiter zu arbeiten. Das Pferd wird durch die Übung immer gleichmäßiger in seinen Bewegungen, es balanciert sich besser aus und wird an den reiterlichen Hilfen immer feiner und williger reagieren.

Wie wird die Übung ausgeführt?
Die Übung wird im Schritt und im verkürzten Trab geritten. Man beginnt sie am besten nach Durchreiten einer Ecke zur langen Seite. Das Pferd wird mit geringer Stellung nach innen in gut versammelter Haltung und Aufrichtung geritten. Es ist mit der Vorhand bis zu einem Schritt zur Innenseite vom Hufschlag der Hinterhand abgestellt. An verkürztem Zügel wird das Pferd nach innen gestellt und mit Impulsen zur Einleitung einer Volte abgewendet, ohne die Halsbiegung zu verstärken. Einen Schritt vom Hufschlag entfernt wird durch Impulse auf den äußeren Zügel ein weiteres Vorwärtsgehen auf die Volte verhindert und das Pferd wird in die Seitwärtsbewegung geführt. Mit dem inneren Zügel wird die Kopfstellung kontrolliert und zusammen mit dem inneren Schenkel wird es auf zwei Hufschlägen gehalten und das Hereinwandern der Kruppe verhindert. Die äußere Hand des Reiters regelt über den Zügel abgestimmt mit den Einwirkungen des äußeren Schenkels die Biegung des Pferdes. Mit dem inneren Schenkel beeinflusst der Reiter vor allem durch streifende Impulse mit der Wade die Rippenbiegung und den Vortritt des inneren Hinterbeines, erst in

> **TIPP**

Was lernt der Mensch?
Er lernt, mit fein gegebenen Impulsen das Pferd in Linienführung, Haltung und Beinbewegungen zu leiten und seine ausbalancierte Haltung auf dem Pferd zu perfektionieren.

Was lernt das Pferd?
Es lernt, in diagonalen Bewegungen immer dynamischer und geschmeidiger zu gehen und seine Selbsthaltung verbessert und festigt sich.

Zur Vorbereitung wird das Pferd mit Stellung geradeaus geritten.

Im Schulterherein regelt der Reiter durch abgestimmte Einwirkungen mit äußerem Zügel und beiden Schenkeln den Grad der gesamten Biegung.

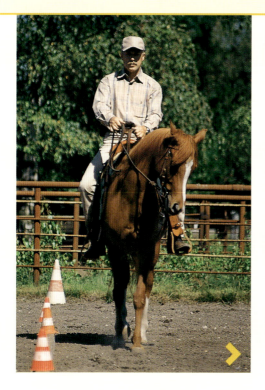

zweiter Linie beeinflusst er zusammen mit dem äußeren Zügel die Seitwärtsbewegung. Mit dem äußeren Schenkel wird die Hinterhand begrenzt. Vor der nächsten Ecke wird die Übung dadurch beendet, dass das Pferd mit der Schulter vor die Hinterhand positioniert wird und in Stellung weitergeritten wird. Ein häufiger Wechsel vom Schulterherein in eine Volte auf einem Hufschlag und wieder zurück ins Schulterherein erhält die Vorwärtstendenz des Pferdes und wird von ihm als „Entspannungsphase" zwischen den konzentrierten und versammelteren Reprisen im Schulterherein empfunden. Ein Verhalten im Schulterherein über Impulse der äußeren Hilfen, kurzes Verharren und erneutes Schulterherein erhöht die Aufmerksamkeit des Pferdes und erhält es leicht an den Hilfen. Häufig neigen Pferde in dieser Übung dazu, mit der äußeren Schulter voran die gleichmäßige Biegung zu verlassen und „auszufallen". Die Ursache dafür ist oft ein zu starkes Einwirken des Reiters mit dem inneren Zügel und eine entsprechend zu starke Halsbiegung. Wohldosierte „Kontaktpflege" mit dem inneren Zügel und ein bestimmtes Einwirken mit dem äußeren Zügel, verbunden mit sorgfältig platzierten und dosierten Impulsen des äußeren Schenkels, wirken dieser Tendenz entgegen. Sollte ein Pferd die Neigung haben, zu überzäumen, d.h. sich im Genick zu nachgiebig zeigen und „hinter den Zügel" kommen, so ist ein frisches und aktives Vorwärtsreiten auf einem Hufschlag hilfreich, um die Bereitschaft zum ruhigen und steten Zügelkontakt wieder herzustellen. Nur dann ist die Übung nützlich und sinnvoll.

Beim erzwungenen Rückwärtsrichten drückt ein Pferd häufig den Rücken weg und stellt die Hinterhand nach hinten heraus. Dies sollte man unbedingt vermeiden.

An leichten Impulsen tritt das Pferd locker, gerade und mit gleichmäßiger, diagonaler Fußfolge rückwärts.

Übung 15
Rückwärtsrichten

Wozu dient die Übung? Die Übung ist zunächst eine funktionale Übung für grundsätzliche Körperkontrolle, da es immer wieder Situationen gibt, in denen ein Freizeitpferd unter dem Reiter rückwärts gehen muss. Es ist gleichzeitig eine gymnastizierende Übung und sie vermittelt dem Pferd die Fähigkeit, auf reiterliche Signale hin von „vorwärts" auf „rückwärts" umzudenken. Diese Fähigkeit und die erlernte Koordination erleichtern es einem Pferd, in allen Tempoverlangsamungen und beim Anhalten aus dem Lauf ausbalancierte und koordinierte Bewegungen auszuführen. Die Übung hat lösenden und versammelnden Charakter, je nachdem, wie sie ausgeführt wird.

> **TIPP**
>
> ### Was lernt der Reiter?
> *Der Reiter lernt in dieser Übung, rückwärts gerichtete Hilfen dosiert und im Zusammenspiel abgestimmt so zu platzieren, dass das Pferd in einzelnen Tritten in Rhythmik und Linienführung präzise geführt und geleitet wird.*
>
> ### Was lernt das Pferd?
> *Das Pferd lernt, von seiner natürlichen Tendenz zum „Vorwärts" mit Bewusstsein, Gleichgewicht und Motorik auf „Rückwärts" umzuschalten und in einzelnen, bewussten Tritten die korrekte Körperkoordination zu entwickeln. Dabei arbeitet es ruhig und ohne Überreaktionen, Hektik oder Blockaden.*

Ein Pferd wird aufmerksamer und leichter an den Hilfen, wenn man es durch parallel liegende Bodenstangen oder ein Trailhindernis rückwärts richtet.

Wie wird die Übung ausgeführt? Mit dieser Übung behandeln wir einen häufig in seiner Bedeutung unterschätzten Bewegungsablauf. Das Rückwärtsgehen fordern viele Reiter nur in seltenen Ausnahmen. Da es Pferd und Reiter dann an Routine und Technik fehlt, wird diese Übung oft erzwungen. Auch wird sie von manchen Reitern als „Bestrafung für das Pferd" verstanden oder eingesetzt.

In meinem Ausbildungsprogramm ist das Rückwärtsrichten eine wichtige Basisübung.

Eine optimale Feinabstimmung aller Hilfen ist erforderlich, will der Reiter nicht Irritationen und Blockaden beim Pferd verursachen. Das Pferd lernt bei sinnvollen und korrekt ausgeführten Rückwärtsübungen, seine Körperkoordination in ruhigen Bewegungen zu optimieren und sein Gleichgewicht zu variieren. Es muss alle Bewegungsabläufe ausführen, die auch für ein ausbalanciertes, koordiniertes Verlangsamen oder Anhalten notwendig sind.

Man sollte bei allen Übungen des Rückwärtsrichtens anstreben, das Pferd präzise auf einer gedachten geraden Linie zu führen. Sollte es von der Linie abweichen, so lässt man es kurz entspannen, platziert die Einwirkungen neu und lässt es wieder zur gedachten Linie Schritt für Schritt zurückkehren. Am Anfang sollte der Reiter nur wenige Schritte, zwei, drei oder maximal vier ausführen lassen, um dann wieder vorwärts zu reiten. Es ist sinnvoll, eine Rückwärts-Sequenz mit einem aktiv-engagierten letzten Schritt zu beenden und nicht mit einem matten oder blockierten.

Zu Beginn ist es sinnvoll, das Pferd im Rücken etwas zu entlasten, damit es die Wirbelsäule aufwölben kann.

Gelingen diese Übungen flüssig und gerade, so beginnt man, zwei oder drei „Drei-Schritt-Kombinationen" zu einer längeren Kette zusammenzufügen. Im fortgeschrittenen Ausbildungsstadium kann man das Pferd auch auf Schlangenlinien oder kleinen Kreisen zwischen den „Hilfen" rückwärts treten lassen.

Das Rückwärtsrichten sollte zunächst aus dem Stand eingeleitet werden. Das Pferd ist im Körper gerade mit einer leichten Stellung im Hals, sagen wir nach rechts. Mit beiden Zügeln hält man über das Gebissstück leichten, passiven Kontakt zu den Maulwinkeln. Der rechte Schenkel liegt in mittlerer Position, der linke in hinterer. Um den ersten Schritt rückwärts einzuleiten, baut man mit dem linken Zügel minimal etwas Druck auf und mit dem rechten Schenkel gibt man streifende oder leicht anpendelnde Impulse seitlich an den Pferdekörper, die das Pferd dazu animieren sollen, die Beine zu bewegen. Zu Beginn ist es sinnvoll, das Pferd im Rücken etwas zu entlasten, damit es die Wirbelsäule leichter aufwölben kann. Dazu hebt man das Gesäß ein wenig aus dem Sattel und verlagert das Gewicht auf die Oberschenkel und in die „Steigbügelstütze".

Wegen der Schenkelimpulse möchte das Pferd vorwärts gehen, doch das Gebiss gibt ihm nach vorn keine Druckentlastung und so sucht es den Weg zwischen den Schen-

Sobald das Pferd flüssig rückwärts geht, bleibt man mit weichem und lockerem Sitzkontakt im Sattel sitzen, ohne zu entlasten.

keln nach hinten, es beginnt, sein Gewicht nach rückwärts zu verlagern. Sobald man den leichtesten Ansatz dazu spürt, sollte man passiv werden, selbst wenn es noch keinen kompletten Schritt rückwärts ausgeführt hat. Nach einem Moment des Verharrens beginnt man in gleicher Folge wieder einzuwirken. Bietet das Pferd die ersten Schritte rückwärts an, belässt man es an dem Tag dabei und befasst sich mit Wiederholungen und Verfeinerung erst in darauffolgenden Tagen. Zu Anfang wird es noch nicht gerade auf einer Linie gehen.

Weicht es von der gedachten Linie ab, so legt man auf der Seite, auf der es ausweicht, den Schenkel in hinterer Position an und gibt eventuell deutlichere Impulse. Anfänglich wird jedes Pferd auf einer Seite steifer sein als auf der anderen und entsprechend die Tendenz haben, einseitig auszuweichen.

Dieses Problem wird man nicht allein durch Rückwärtsrichten beheben können, die Lockerungs- und Biegeübungen, die zuvor genannt wurden, sind besser geeignet, dem Pferd dazu zu verhelfen, seine Muskulatur auf beiden Körperhälften gleichmäßig einzusetzen. Sobald das Pferd etwas Übung hat und flüssig rückwärts geht, beginnt man, im Sattel nicht mehr so deutlich zu entlasten, sondern bleibt weich und locker mit Sitzkontakt im Sattel.

Vom losen Zügel wird mit dem inneren Zügel Kontakt zum Maul genommen, es folgt dann der äußere. Das Pferd formt sich an das Gebiss.

Nun wird der innere Unterschenkel im Bereich der Wade angelegt, das Pferd ist aufmerksam und nachgiebig an den Hilfen.

Übung 16
Übergänge zwischen Schritt, Trab und Schritt

Wozu dient die Übung? Weiche und kontrolliert gerittene Übergänge sind ein Zeichen gut entwickelter Durchlässigkeit und damit ein Merkmal des harmonischen Zusammenwirkens von Reiter und Pferd. Gleichzeitig tragen sie zur Verbesserung des Bewegungskomforts bei Reiter und Pferd bei. Die Übung hat lösenden und leicht versammelnden Charakter. Mit dem Pferd an den Übergängen zwischen den Gangarten

> **TIPP**

Was lernt der Reiter?
In dieser Übung lernt der Reiter, seine Einwirkungen so zu platzieren und zu koordinieren, dass das Pferd sich im „Bewegungsrahmen" entweder verkürzt oder erweitert, ohne die Vorhand mehr zu belasten. Er lernt darauf einzuwirken, ein aktiveres Untertreten mit dem jeweils inneren Hinterbein des Pferdes zu bewirken und damit eine kurzzeitige, leichte Versammlung zu fördern.

Was lernt das Pferd?
Das Pferd lernt, zwischen begrenzenden, verhaltenden und aktivierenden Hilfen seinen Rahmen zu verkürzen, indem es vermehrt mit den Hinterbeinen untertritt und sich im Rücken aufwölbt. Außerdem lernt es, seinen „Rahmen" zu erweitern, ohne dabei mehr Last auf die Schultern und Vorderbeine zu verlagern und es entwickelt Bewusstsein für einen „Gangartwechsel".

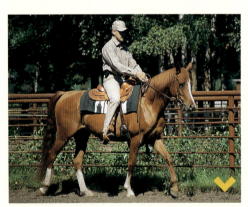

Mit aktiven Schenkelimpulsen vornehmlich mit dem inneren Schenkel wird das Pferd zu mehr Hinterhandaktivität ermuntert, bis es antrabt.

zu arbeiten, bietet gleich mehrere Vorteile: Die Kontrolle über das Tempo des Pferdes wird deutlich verbessert. Die Übergänge zwischen den Gangarten werden weicher und gelingen an leichteren Hilfen. Es wird möglich, präzise an einem vorgegebenen Punkt die Gangart zu wechseln. Das Pferd lernt mit der Zeit, am losen Zügel die Übergänge ausbalanciert, ruhig und weich auszuführen und seine Gebrauchshaltung zu stabilisieren.

Ich empfehle diese spezielle Übung für die Übergänge zwischen Schritt – Trab – Schritt, weil damit mehrere Probleme, die bei Tempo- oder Gangartwechsel bei Freizeitreitern und -pferden häufig auftreten, gar nicht erst entstehen. Auf diese Weise lassen sie sich bei korrekturbedürftigen Pferden nachträglich leicht korrigieren.

Häufig sieht man Reiter, deren Pferde in den Grundgangarten schon ruhig und gleichmäßig laufen, doch sobald ein Gangartwechsel ausgeführt wird, ist die Harmonie gestört. Der Reiter stört das Pferd im Maul und häufig auch vom Sitz her im Gleichgewicht. Das Pferd wirkt steif und verkrampft. Speziell im Übergang vom Trab zum Schritt sieht man, dass die Pferde ihr Gewicht auf die Vorhand verlagern, gegen das Gebiss drücken und am losen Zügel dann „komplett auseinander fallen", d.h. schlaff und nachlässig gehen. Vom Schritt zum Trab eilen sie häufig davon und sind nicht in der Lage, ein ruhiges gesetztes Trabtempo beizubehalten. Der Reiter muss immer wieder regulierend auf das Tempo Einfluss nehmen.

Um diese Probleme gar nicht erst entstehen zu lassen, führe ich das Pferd mit Hilfe meiner Einwirkungen „geregelt" durch den Übergang. Dabei lernt es durch **Längsbiegung** und **Spannungsbogen**, seine Körperbewegungen so zu koordinieren, dass es im Gleichgewicht, mit vermehrt untertretenden Hinterbeinen und mit engagierter Muskeltätigkeit die Gangartwechsel ausführen kann.

Ich zerteile das Gesamtmanöver zum besseren Verständnis für Pferd und Reiter in sieben Einzelphasen. Ich empfehle, in der Übung zur jeweils nächstfolgenden Einzelphase erst dann überzugehen, wenn die vorgeschaltete von Pferd und Reiter weitestgehend korrekt ausgeführt wurde. So kann es sein, dass sich zu Beginn der Arbeit in dieser Übung das Manöver „Gangartwechsel" über eine Strecke von vielen Pferdelängen hinzieht.

Der Wadenimpuls soll immer dann erfolgen, wenn das innere Hinterbein vortritt. Zur besseren Orientierung kann der Reiter sich am Vorgreifen der äußeren Schulter orientieren. Sobald es einen gesetzten Trab anbietet, werden die Zügel nachgegeben.

Als Resultat dieser Übungen ergibt sich daraus nach einiger Zeit die Fähigkeit des Pferdes, **präzise und innerhalb von Augenblicken** einen weichen, fließenden und ausbalancierten Gangartwechsel vorzunehmen.

Das System ist beim Übergang vom Schritt zum Trab das gleiche wie vom Trab zum Schritt. Zunächst möchte ich Ihnen die sieben Phasen erläutern, bevor ich die Hilfengebung dazu schildere.

Phase 1: Kontaktaufnahme mit dem inneren Zügel bis zur weichen Nachgiebigkeit in Genick, Hals und Schulter ohne Veränderung der Linienführung oder des Tempos.

Phase 2: Kontaktaufnahme mit dem äußeren Zügel bis zur weichen Nachgiebigkeit in Genick, Hals und Schulter ohne Veränderung der Linienführung oder des Tempos.

Phase 3: Kontaktaufnahme mit dem inneren Schenkel und einen Moment später mit dem äußeren ohne Veränderung der Linienführung oder des Tempos. Bande oder Zaun begrenzen nach außen.

Phase 4: Aktivimpulse mit dem inneren Schenkel in mittlerer Position. Impulse werden von hinten nach vorn streifend immer dann gegeben, wenn das äußere Vorderbein und (einen Augenblick später) das innere Hinterbein in der Schwebephase sind. Die Impulse werden, eventuell mit verstärkter Intensität, wiederholt, bis das Pferd die Gangart gewechselt hat. Mit beiden Zügeln wird ein weicher, aber begrenzend „aushaltender" Kontakt gehalten. Dann wird der innere Schenkel wieder passiv, hält aber weiter Kontakt.

Phase 5: Der Außenzügel wird langsam nachgegeben. Das Pferd dehnt sich auf der Außenseite mit der Halsmuskulatur entsprechend nach vorwärts-abwärts aus. Dabei bleibt die innere Seite hohl.

Phase 6: Der Innenzügel wird langsam nachgegeben, das Pferd dehnt die Innensei-

Das Pferd wird noch einige Schritte verkürzt traben, dann aber zulegen. Oft ist der Trab nicht leicht auszusitzen.

Der Reiter sollte dann in den leichten Sitz wechseln oder leichttraben.

te des Halses und wird gerade, mit minimaler Biegung nach innen.

Phase 7: Innerer und äußerer Schenkel geben den Kontakt auf und hängen locker herunter. Das Pferd ist gerade oder ganz leicht gestellt und geht geradeaus.

Wie wird die Übung ausgeführt? Man beginnt die Übung im Schritt am losen Zügel. Mit der inneren Hand greift man am Zügel vor und stellt eine weiche Verbindung zum Pferdemaul her, bis das Pferd in Genick und Hals nachgibt und sich im Hals biegt. Der innere Zügel liegt dabei dicht am Hals.

Nun greift man am äußeren Zügel ebenfalls nach und nimmt Kontakt zum äußeren Maulwinkel. Das Pferd gibt auch außen nach, geht aber weiter, ohne Tempo und Richtung zu verändern. Als Nächstes nimmt man mit dem inneren Schenkel behutsam Kontakt in mittlerer Position auf, mit dem äußeren in hinterer. Die Kontakt-

nahme sollte so dosiert sein, dass das Pferd sie akzeptiert, ohne schneller zu werden. Jetzt erst beginnt man aktiv einzuwirken. Mit dem inneren Schenkel in mittlerer Position gibt man streifende Impulse von hinten nach vorn. Das geschieht immer dann, wenn das äußere Vorderbein und einen Moment später das innere Hinterbein in der Schwebephase sind.

Es kann sein, dass das Pferd davoneilen möchte, entsprechend baut man etwas mehr verhaltenden Druck über die Zügel mit dem Gebiss auf das Maul auf. Das Pferd ist etwas unsicher und weiß nicht, wie es reagieren soll, ähnlich wie bei den ersten Rückwärtsübungen auch. Man gibt weiter, in gleicher Rhythmik, eventuell in gesteigerter Dosierung, Schenkelimpulse, eventuell platziert man den Schenkel vorher etwas weiter zurück. Es kann auch hilfreich sein, mit der äußeren Hand etwas nachzugeben, ohne den Kontakt zum Maul jedoch aufzugeben. Man kann in dieser Phase mit der Stimme etwas nachhelfen und im Rhyth-

Nun nimmt er wieder Kontakt mit dem inneren und dann mit dem äußeren Zügel auf. Hierfür wird wieder ausgesessen.

Es folgt die Kontaktaufnahme mit dem inneren Schenkel mit deutlich vortreibenden Impulsen, abgestimmt auf das untersetzende, innere Hinterbein.

mus schnalzen, um dem Pferd die Vorstellung zu geben, die Gangart zu ändern.

Es wird nun etwas engagierter mit dem inneren Hinterbein untertreten. Man fühlt, wie es sich etwas in den Schultern hebt. Der Kopf kommt im Genick zunächst noch etwas höher und noch zögerlich und etwas stockend geht es in den Trabrhythmus über. Sofort gibt man mit dem Außenzügel langsam in Richtung Pferdemaul nach, um durch diese Nachgiebigkeit die Richtigkeit seines Handelns zu bestätigen. Das Pferd hält den ruhigen, gesetzteren Trab und dehnt die Halsaußenseite. Mit dem inneren Schenkel begrenzt man weiter und gibt eventuell etwas mehr Druck, sollte es von der Linie nach innen abweichen wollen. Es bleibt mit den Hinterbeinen engagierter.

Jetzt gibt man mit dem Innenzügel nach. Es dehnt sich auf dieser Seite mit dem Hals, hält aber das Tempo. Nun nimmt man auch den äußeren Schenkel in eine passive Position zurück. Bei den ersten Übungen wird das Pferd das ruhige Trabtempo nach einigen Schritten nicht mehr beibehalten und eiliger werden, da Zügel und Schenkel ihm keine „Anlehnung" mehr geben und es noch nicht gelernt hat, sich selbst über einen längeren Zeitraum „zu tragen". Man nimmt deshalb mit dem inneren Zügel wie zuvor beschrieben Kontakt auf. Es folgen ebenso der äußere Zügel und die Schenkel mit passivem Kontakt.

Ist das Pferd wieder „an die Hilfen gestellt", so beginnt man die Übung vom Trab zum Schritt hin anzuwenden.In mittlerer Position beginnt man mit dem inneren Schenkel, aktiv streifende Druckimpulse im Rhythmus der Schwebephasen des inneren Hinterbeines zu geben. Das Pferd wird diese Impulse möglicherweise als Aufforderung verstehen, schneller zu traben und gegen das Gebiss drücken. In dieser Phase muss man konsequent, aber nicht hart „gegenhalten", während der innere Schenkel weiter deut-

Wechselt das Pferd in den Schritt, wird der Zügel wieder zunächst außen, dann innen nachgegeben.

Zum Schluss wird der innere Schenkel passiv und die Zügel werden nacheinander hingegeben. Das Pferd dehnt sich im Hals.

liche Impulse gibt. Während der ersten Übungen in dieser Phase wird der Reiter einer echten Geduldsprobe ausgesetzt. Es braucht einige Zeit, bis das Pferd erstmalig die richtige Vorstellung hat und die Gangart wechselt. Man wird ungewohnt viel Druck auf das Gebiss zu spüren bekommen und deutlicher mit dem Schenkel einwirken müssen, als das in allen anderen Übungen bisher der Fall war. Das Pferd muss sich kurzfristig mehr spannen, und das ist neu für Pferd und Reiter. Es hilft, wenn man ganz bewusst an „Schritt" **denkt** und den Schrittrhythmus schon in die eigenen Körperaktivitäten übernimmt.

Dann kommt der Moment, in dem das Pferd in den Schrittrhythmus übergeht. Sofort gibt man außen mit dem Zügel nach. Es „dehnt" sich an den inneren Gebissteil heran. Jetzt gibt man innen nach, es dehnt sich auf der inneren Halsseite, die Schenkel werden wieder passiv hängen gelassen, das Pferd geht mit engagierten Tritten am losen

Zügel, ohne zu latschen noch einige Schritte. Auch hier wird es sich nach einigen Metern lang machen und passiver treten.

Wiederholt man diese Übergänge zwischen Schritt, Trab und Schritt in der beschriebenen Weise zehn bis zwanzig Mal pro Trainingstag, so wird sich das Pferd mit der Zeit immer besser ausbalancieren, koordinieren und an immer leichteren Impulsen den Übergang weich und fließend ausführen und im Anschluss an den Übergang ausbalanciert, ruhig und gleichmäßig am losen Zügel im Schritt oder im Jog-Trab gehen, ohne dass Korrekturen nötig werden.

Dem Reiter fällt es mit zunehmender Routine leichter, sicher den Schritttakt mit den entsprechend richtigen und fein dosierten Impulsen zu begleiten, sein Reitgefühl verbessert sich dank dieser ruhigen und in einzelne Phasen aufgegliederten Übung, ohne dass es zu Verspannungen oder Blockaden kommt.

Übung 17
Angaloppieren aus dem Schritt und dem Stand

Wozu dient die Übung? Mit ihr wird ruhiges, ausbalanciertes und kontrolliertes Angaloppieren an leichten Hilfen im gewünschten Handgalopp für Pferd und Reiter in Reitbahn und Gelände auf einfache Art vermittelt.

Wie wird die Übung ausgeführt? Für viele Reiter und ihre Pferde ist das Angaloppieren aus dem Schritt oder gar aus dem Stand sehr problematisch. Da Pferde ohne Reiter in der Regel kein Problem damit haben, aus dem Stand heraus anzugaloppieren, liegt die Vermutung nahe, dass die Probleme eng mit dem Verhalten des Reiters verknüpft sind. In seinem Bestreben, das Pferd mit energischen Einwirkungen, besonders mit den Schenkeln und „Kreuzeinwirkungen" in den Galopp zu „treiben", verkrampft er sich, bewegt sich unkoordiniert und stört das Pferd nachhaltig. Entsprechend „holprig" und widerwillig fällt dann die Reaktion des Pferdes häufig aus.

Ich bevorzuge für das Angaloppieren eine Übung, die es Pferd und Reiter leichter macht, den Vorgang des Angaloppierens ruhig, koordiniert und ohne Hektik auszuführen. Ich zerteile das Gesamtmanöver dafür wieder in einzelne Komponenten. Zur Vorbereitung des Angaloppierens nutze ich Übungen, die Pferd und Reiter schon

> **TIPP**
>
> ### Was lernt der Reiter?
> *Der Reiter lernt, sich so auf dem Pferd zu platzieren, dass es durch ihn nicht in Körperhaltung und Gleichgewicht gestört wird, wenn es ein so „schwieriges" Manöver wie das Angaloppieren ausführen soll. Er lernt, sich „nur" auf Signaleinwirkungen zu reduzieren und nicht den Versuch zu machen, körperlich mit Nachdruck „das Pferd mechanisch anzugaloppieren".*
>
> ### Was lernt das Pferd?
> *Das Pferd lernt, sich unter dem Reiter ungestört in natürlicher Haltung auszubalancieren, zu positionieren und von Signalen in den Galopp leiten zu lassen. Es entwickelt ein Bewusstsein für das Manöver „Angaloppieren".*

geläufig sind, um eine Sensibilisierung für die Hilfen und Körperhaltung und ideale Voraussetzungen der Bewegungskoordination zu schaffen.

Am leichtesten ist diese Übung auf dem Zirkel durchzuführen. Man reitet im Schritt auf einem nicht zu großen Zirkel zu dem Punkt, an dem man angaloppieren möchte. Dort hält man an und lässt das Pferd um die Hinterhand zur **Innenseite** des Zirkels hin wenden und kurz verharren. Nun lässt man es einige Tritte vom inneren Schenkel (Impulse in mittlerer Position) seitwärts-vorwärts

a. Die Hinterhandwendung,
b. das Seitwärtstreten,
c. das Öffnen des inneren Schenkels.

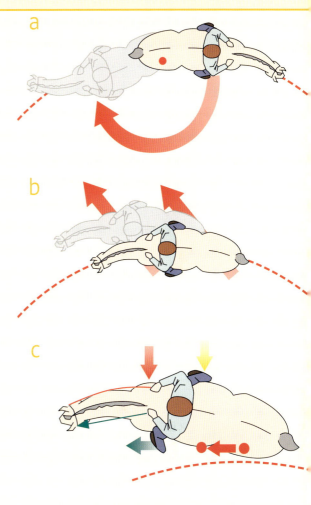

treten, um es für dessen Einwirkungen zu sensibilisieren und im Gleichgewicht zu stabilisieren. Beide Zügel werden dicht am Hals geführt, sie halten eine weiche Verbindung zu jeder Maulseite aufrecht und regulieren den Bewegungsspielraum nach vorn. Der äußere Schenkel bleibt passiv begrenzend in hinterer Position. Durch diesen Teil der Übung hat das Pferd nun nicht sein Körpergewicht auf der inneren Schulter, sondern eher etwas mehr auf der äußeren Körperseite. Es lehnt nicht gegen den inneren Schenkel, sondern weicht ihm. Nun dreht man die Hacke des inneren Schenkels vom Pferd weg (Fuß rollt auf die Außenkante der Sohle, Drehung aus dem Kniegelenk). Als Reaktion stellt sich das Pferd mit dem inneren Hinterbein in den Zirkel herein auf einen „zweiten Hufschlag". Man gestattet ihm, zwei oder drei Tritte zu tun, setzt sich wieder in Normalposition und reitet im Schritt auf der Zirkellinie weiter. Diese Vorübung wiederholt man, bis sie problemlos klappt und das Pferd nach beiden Seiten in den vom Schenkel angebotenen Freiraum mit innerer Hüfte und Hinterbein jedesmal hereintritt. In dieser Position ist es ideal für den ersten ruhigen Galoppsprung im Handgalopp positioniert.

Nun führt man die Wendung wieder bis zu dem Moment durch, da das innere Reiterbein seitlich „ausgedreht" wird. Diesmal folgt dem „Ausdrehen" ein leichtes, senkrechtes Heben des Knies. Dabei achtet man darauf, nicht mit dem Oberkörper zum Ausgleich zu lehnen. **Ausdrehen** und **Heben** ist nahezu eine Bewegung, gleichzeitig gibt man mit dem inneren Zügel in Richtung Pferdemaul nach und schnalzt im Rhythmus der gewünschten Galoppbewegung. Anfänglich wird nicht jedes Pferd gleich angaloppieren, sondern viele werden antraben. Solange man fühlt, dass es die Kruppe dabei in den Zirkel hereinstellt, sollte man zufrieden sein, in der Trabbewegung mitgehen und es mit Stimme und Körperimpulsen ohne Hektik oder Druck ermuntern, aus dem Trab anzugaloppieren. Dafür trabt man am

Das Pferd war auf der linken Hand auf dem Zirkel, hielt und führt nun die Hinterhandwendung zur Zirkelmitte hin aus.

Nun wird es am inneren Zügel und Schenkel eingestellt und soll dem inneren Schenkel seitwärts weichen.

besten leicht oder begibt sich in den Entlastungssitz. Dabei ist es besonders wichtig, mit dem **Oberkörper passiv** zu bleiben und nicht seitlich zu lehnen oder gar mit aktiver Sitzeinwirkung und „treibendem Sitz" auf das Pferd einzuwirken.
Das Pferd soll für den Reiter angaloppieren, weil es die Signale verstanden hat, das ist der Zweck der Übung.

Ob es nun im Trab geblieben ist oder schon nach etwa einem halben Zirkel angaloppiert, man hält es mit korrekten Hilfen an, lässt es wiederum wenden, seitwärts treten und **bietet ihm** wieder die gleiche Hilfenkombination **an**. Man kann die Übung zehn bis zwanzig Mal pro Trainingstag durchführen. Sehr bald wird das Pferd in Folge der ruhigen und regelmäßigen Wiederholungen eine gute Vorstellung von der Abfolge der Übung haben. Es wird nicht hektisch werden, dafür aber im Galopp im Gleichgewicht bleiben und in der Linientreue präzise. Es bekommt allmählich eine Vorstellung davon, dass das Angaloppieren von ihm **erwartet** wird, es befindet sich jeweils in der idealen Körperhaltung dazu und wird den ersten, ruhigen, ausbalancierten Galoppsprung zunächst eventuell mit vorgeschalteten, ruhigen Trabschritten bald anbieten.

Und dann wird es zum ersten Mal mit seinem inneren Hinterbein prompt und engagiert dem weggedrehten inneren Reiterschenkel folgen und den ersten,

Erst wenn es seitlich weicht, dabei mit dem Hinterbein diagonal kreuzt und untertritt, ist es in der Körperhaltung für das balancierte Angaloppieren.

Innerer Zügel und Schenkel geben Raum (hier zur Verdeutlichung etwas übertrieben) und die Reiterin schnalzt mit der Stimme.

gesetzten Galoppsprung anbieten. Um diese Ausführung deutlich positiv zu reflektieren, sollte man es loben, die Zügel hingeben und ein bis zwei ruhige Zirkel galoppieren, bevor man diese Übung für den Tag beendet.

In den folgenden Tagen wiederholt man die Übung immer wieder präzise und konsequent, bis das Pferd keine Trabschritte mehr ausführt und jedesmal aus dem Schritt angaloppiert. Nun kann man auf die Wendung verzichten, im Schritt auf dem Zirkel reiten, es einige Schritte vorwärts-seitwärts treten lassen, um daraus das Angaloppieren wieder zu entwickeln. Als zusätzliches Signal ist es möglich, den Außenschenkel mit leichtem Kontakt ohne zu drücken anzulegen, nachdem der innere Schenkel ausgedreht wurde. Dieser zusätzliche Impuls macht das Manöver für Pferd und Reiter noch einfacher in der Verständigung über den exakten Zeitpunkt des Angaloppierens. Ebenso kann der innere Schenkel leichten Kontakt herstellen, um die Biegung zu kontrollieren. Nach einiger Zeit wird es auch aus dem Stillstand willig und ruhig mit untergesetztem inneren Hinterbein angaloppieren. Dies lässt sich problemlos auf geraden Linien weiterentwickeln.

Als Resultat dieser Übung wird das Pferd ruhig und ohne Hektik angaloppieren. Da es schon im ersten Galoppsprung perfekt ausbalanciert ist, wird es auch in den folgenden Übungen ruhig am losen Zügelkontakt in Selbsthaltung weiter galoppieren.

Übung 18
Bodenrickarbeit

Wozu dient die Übung? Diese Übung fördert die Aufmerksamkeit des Pferdes und seine Bereitschaft, die Beine aktiv zu heben und zu winkeln und hat damit eine gymnastizierende Wirkung. Sie verbessert die Losgelassenheit von Pferd und Reiter und das Sicherheitsgefühl des Reiters in der Bewegung sowie sein Rhythmusgefühl für den jeweiligen Takt der Gangarten Trab und Galopp. Für Freizeitreiter, die später einmal ein spezielles Springtraining anstreben, ist es eine wichtige Vorübung.

Wie wird die Übung ausgeführt?
Bodenricks sind etwa 1,50 m breite und bis zu 20 cm hohe Stangen. Sie sollten nicht zu leicht sein und in der Regel sind sie aus Holz. Sie können im Schritt, im Trab und im Galopp gearbeitet werden. Zunächst wird das Pferd im Schritt und im Trab mit ihnen vertraut gemacht, und erst wenn Reiter und Pferd genügend Routine entwickelt haben, kann man sie auch im Galopp überspringen. Es ist sehr wichtig, dass ein Reiter die Anforderungen an sich selbst und sein Pferd anfänglich nicht zu hoch steckt. Das würde zu Verkrampfungen führen und das Selbstvertrauen von Pferd und Reiter beeinträchtigen. Auch sollten die Anforderungen nur langsam gesteigert werden. In der Vorbereitungsphase beginnt man damit, das Pferd über im Schrittabstand des Pferdes am Boden liegende

> **TIPP**
>
> ### Was lernt der Mensch?
> *Der Reiter verbessert sein Balancegefühl und die Entlastungshaltung im Sattel mit Oberschenkelkontakt und Steigbügelstütze. Er muss sich auf die veränderten Bewegungen des Pferdes einstellen, ihm Richtung und Tempo am hingegebenen Zügel ermöglichen und stärkt mit zunehmender Sicherheit sein Selbstvertrauen und sein Bewegungsgefühl.*
>
> ### Was lernt das Pferd?
> *Die Bodenricks motivieren das Pferd, den Hals in Dehnungshaltung zu strecken, um die Hindernisse besser taxieren zu können. Es wird veranlasst, seinen Bewegungstakt in den Gangarten Trab und Galopp zu festigen.*

Stangen zu reiten. Die Tendenz des Pferdes, den Kopf zu senken und das Hindernis zu taxieren, sollte man unbedingt durch nachgiebige Zügelführung fördern. Beim Überwinden der Stange sollte der Reiter den Sattelsitz etwas entlasten, indem er sich mehr auf die Innenseite der Oberschenkel abstützt und sein Gewicht mit durchfedernden Fußgelenken in den Steigbügeln abstützt. Danach kann man bis zu vier Stangen in individuellem Abstand der Pferdeschrittlänge hintereinander legen. Hat das Pferd sich daran gewöhnt, die Stangen zu taxieren und bemüht es sich, nicht mehr darauf zu treten, so können die Stangen für

Die Bodenrickarbeit fördert die Aufmerksamkeit und Elastizität des Pferdes. Es wird locker im Rücken und wölbt ihn auf.

Reiter verbessern ihr Balancegefühl, lernen mit den Händen nachzugeben und sich über Oberschenkelkontakt und Steigbügelstütze auf dem Pferd zu stabilisieren.

den Trab auf die entsprechenden Abstände platziert werden (ca. 120 bis 140 cm).
Nun wird das Pferd im Trab auf die Mitte der Stangen zu geritten und im Entlastungssitz lässt man es mit nachgiebigem Zügelkontakt darüber hinweg traben. Anfänglich wird es in übertriebener Manier die Beine winkeln und mit schwingendem Rücken die Stangen überwinden. Sollte der Reiter Probleme damit haben, die Balance zu behalten, so kann er sich vorübergehend am Halsansatz mit den Händen abstützen, bis es ihm gelingt, die Bewegungen nur in ausbalancierter Haltung ohne Handstütze mitzugehen.

Als Steigerung können danach anfänglich zwei, später drei und vier Bodenricks in Reihe hintereinander aufgestellt werden. Das Pferd wird jetzt mit deutlich in den Gelenken winkelnder Beinmotorik und deutlich schwingendem Rücken die Hindernisse überwinden. Der Reiter wird einige Zeit benötigen, um diese für ihn ungewohnten Bewegungen ausgleichen zu können, ohne das Pferd zu stören oder gar mit unruhiger Hand unbeabsichtigt im Maul einzuwirken. Mit zunehmender Übung wird das Pferd geschmeidiger und taktmäßiger in den Bewegungen und der Reiter sicherer in seiner Balancehaltung.

Um das Halten aus dem Galopp einzuleiten, wird das Pferd weich und leicht an die Hilfen gestellt.

Übung 19
Anhalten aus dem Galopp – der Stopp

Wozu dient die Übung? Ein Freizeitreiter sollte sein Pferd jederzeit zum Halt bringen können, dies gilt besonders dann, wenn er auch im Gelände reitet. Dies ist schon aus Sicherheitsgründen und aus Rücksichtnahme auf Andere notwendig.

Wie wird die Übung ausgeführt? Dieses Manöver bedarf einer sorgfältigen Vorbereitung des Pferdes, und ein Reiter muss über Gefühl und reittechnisches Verständnis verfügen, will er ein Pferd lehren, dieses Manöver korrekt auszuführen. Ich möchte es deshalb an das Ende meiner Übungen setzen. Auch möchte ich Sie eindringlich

> **TIPP**
>
> ### Was lernt der Mensch?
> *Der Reiter lernt, so einzuwirken, dass das Pferd kontrolliert und ausbalanciert mit sinnvoller Technik aus der Bewegung zum prompten Anhalten gelangt und letztlich aus dem Galopp gleitend mit untergesetzter Hinterhand und lockerer Vorhand zum Halt kommt.*
>
> ### Was lernt das Pferd?
> *Das Pferd lernt, seine Bewegungen so zu koordinieren, dass ein ausbalanciertes Anhalten mit untergesetzter Hinterhand und lockerer Schulter aus jeder Gangart möglich wird, ohne dass dies zu übermäßiger Belastung führt.*

Nach dem Ankündigungskommando „Hoo" lässt man das Pferd in den Trab wechseln, gibt dabei aktive Wadenimpulse, bis es zum Stillstand kommt.

Hat es angehalten, so lässt man es einen Moment verharren und fordert dann ein bis zwei Rückwärtstritte.

bitten, sich diesem Komplex erst zuzuwenden, wenn alle anderen Übungen sicher ausgeführt werden können. Bedenken Sie bitte: In keinem der zuvor genannten Übungsbereiche können Sie Ihr Pferd schädigen, wenn Ihnen zeitweilig Fehler unterlaufen. In der **„Stopp aus dem Galopp" - Übung ist das anders!** Bei wiederholter, unsachgemäßer Ausführung von Stopp-Übungen aus dem Galopp werden Sie unwiderruflich das Vertrauen Ihres Pferdes verlieren und ihm möglicherweise körperliche Schäden zufügen! Ich empfehle deshalb, diese Übung aus dem Trab zu beginnen und danach erst aus dem Galopp heraus.

Als Konsequenz der bisher beschriebenen Übungen sollte es Ihnen keine Probleme bereiten, Ihr Pferd weich aus jeder Gangart anzuhalten, indem Sie Ihr Pferd anleiten, sein Tempo zu verringern, die Gangart zu wechseln und so vom Galopp zum Trab und dann zum Schritt und zum Halt zu kommen. Besonders die Übung der Übergänge zwischen Trab und Schritt und die Rückwärtsübungen haben sowohl Sie als auch Ihr Pferd mit dem nötigen Körpergefühl, mit der Körperkoordination und mit der Balance ausgestattet, die für diese Übung Voraussetzung sind. Um auch diesen Vorgang so simpel und systematisch wie möglich zu gestalten, praktiziere ich folgende Übungsabläufe:

Zunächst möchte ich dem Pferd vermitteln, dass ein Stopp eine **„absolute"** Sache ist. Ein Stopp muss „jetzt", „hier" und „engagiert oder kraftvoll" ausgeführt werden. Man beginnt im Trab damit, dem Pferd die Vor-

1. Kontaktaufnahme im Galopp, 2. Wechsel zum Trab mit Wadenimpulsen, 3. Verharren mit untergetretener Hinterhand, 4. Rückwärts, 5. Entspanntes Stehen

stellung dafür zu vermitteln. Aus einem flüssigen, lockeren und engagierten Trab in leichttrabender Haltung setzt man sich in die Sattelmitte. Aussitzend stellt man einen passiven Kontakt mit der Zäumung her, gibt ein verbales Signal wie z.B. „Hooo". Das ist aber nicht als ein Befehl gedacht, sondern als „weiches" **Ankündigungssignal**. Entsprechend sollte man die Tonlage wählen. Im Geiste zählt man danach „Eins, zwei...", das gibt dem Pferd die Reaktionszeit, die es benötigt, um sein Gleichgewicht und seine Bewegungen für das prompte Anhalten zu verändern. Dann erst gibt man im Wechsel Aktiv-Impulse mit den Zügeln, die das Pferd in der Vor-

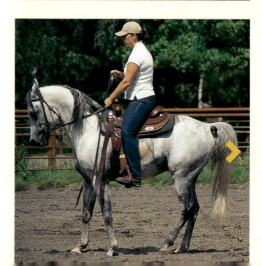

wärtsbewegung begrenzen sollen. Dies darf aber nicht zum Ziehen oder groben „Riegeln" ausarten, da sich das Pferd sonst verkrampft und mit fester Schulter und weggedrücktem Rücken reagieren würde. Mit wechselseitig streifenden Schenkelimpulsen wirkt man gleichzeitig ein, um das Pferd zu motivieren, die Hinterbeine vermehrt unterzusetzen.

Hat es angehalten, so lässt man es einen Augenblick verharren und fordert danach ein oder zwei Tritte rückwärts von ihm. Anschließend sollte man es entweder noch einmal ruhig stehen lassen oder man wendet es in einer Hinterhandwendung und reitet in der entgegengesetzten Richtung davon. Man sollte diese Übung nur einige Male in jeder Richtung ausführen um sich danach anderen Lektionen zuzuwenden. Drei- bis viermal pro Trainingstag kann man solche Sequenzen durchaus durcharbeiten. Bald wird die Abfolge der Signale dem Pferd geläufig sein. Es beginnt beim Halt aus dem Trab, sich **selbstständig** vorzubereiten und immer aktiver mit abgekippter Kruppe und **untergesetzten** Hinterbeinen anzuhalten, dabei bleibt es aber **mobil** mit den Vorderbeinen. Es lernt die Technik, die es benötigt, um dieses Manöver auch aus höherem Tempo zu bewältigen. Dazu galoppiert man es auf einem größeren Zirkel in lockerem, aktivem Galopp. Im Galopp wechselt man zwischen leichtem Vorwärtssitz in flottem Tempo und ausgesessenem Galopp in verhaltenerem Tempo. Es dauert nicht lange,

Anhalten aus dem Galopp – der Stopp

Hindernisse können ein plötzliches Anhalten notwendig machen.

bis ein Pferd dieses System erkennt und jeweils gesetzter und versammelter zu galoppieren beginnt, wenn der Reiter sich passiv aussitzend in den Sattel setzt. Hat sich diese Reaktion gefestigt, so wähle ich einen Punkt, an dem ich anhalten möchte. Einige Galoppsprünge davor setze ich mich im Sattel passiv ab, sage weich und gedehnt das Ankündigungssignal „Hooo", lasse das Pferd in den Trab wechseln, zähle wieder „Eins, zwei..." und gebe wechselweise aktive Zügelimpulse und streifende Schenkelimpulse. Wenn ich fühle, dass das Pferd mit der Hinterhand untersetzt, verlagere ich mein Körpergewicht vermehrt in die Bügel und auf die Innenseite der Oberschenkel und **entlaste** so den Sattelsitz. Dies soll es dem Pferd erleichtern, den Rücken aufzuwölben und weich und flüssig mit den Hinterbeinen unterzutreten. Mit leichtem Zügel- und Schenkelkontakt begleite ich das Untersetzen der Hinterhand. In der Endphase dieser Bewegung erlaube ich dem Pferd nicht, selbstständig die Beine wieder nach hinten herauszusetzen, sondern motiviere es durch vermehrten Schenkelkontakt, noch einen Moment mit angespannter Bauchmuskulatur und aufgewölbtem Rücken zu verharren. Dann lasse ich es ein oder zwei, aber nicht mehr Tritte rückwärts gehen. Nun verfahre ich wie zuvor, wende es entweder ab oder lasse es noch eine Weile verharren. Wiederholte Übungen lehren das Pferd, aus dem Galopp möglichst prompt, aber mit lockerer Schulter anzuhalten. Die Trabschritte und das Untersetzen mit der Hinterhand verschmelzen zu einer Bewegung. Wenn man diese Übung ruhig, in gutem Timing und ohne Verkrampfung und Gewalteinwirkung wiederholt, beginnt das Pferd sehr bald, je nach Veranlagung mit mehr oder weniger untergesetzter Hinterhand in einem Galoppsprung in das „Halt" zu **gleiten**. Für diese Übung sollte ein Pferd auf jeden Fall an den Hinterhufen mit **flachen** Hufeisen beschlagen sein. Auch sollte man sich für die Übung solche **Bodenverhältnisse** aussuchen, die nicht zu stumpf sind oder die ein tiefes Einsinken der Hufe nicht zulassen.

Während diese Reiterin sich geschickt unter dem Ast duckt, beobachtet das Pferd den Boden.

Beide bleiben auf ihrer Linie und behalten die Kontrolle. Eine Reitkappe würde zusätzliche Sicherheit geben.

Beherrscht Ihr Pferd das Manöver, so gehen Sie sparsam mit der Forderung nach seiner Ausführung um und achten Sie stets auf entsprechend **günstige Bodenverhältnisse.** Fordern Sie Stopps zu häufig, am falschen Ort, wenn Ihr Pferd müde ist oder sind Sie in ihrer Hilfengebung bei diesem Manöver nachlässig, so wird auch das gutwilligste Pferd seine Beine nicht mehr für Sie „hinhalten". Dieses Manöver ist als Sicherheitsübung gedacht, aber wer es sorgfältig erarbeitet, der verbessert die natürliche Balance, Wendigkeit und den Gehorsam seines Pferdes wesentlich.

Übung 20
Schreckhindernisse kontrolliert bewältigen

Wozu dient die Übung? Auf der Basis der vorhandenen Verständigungsgrundlage und bisher erarbeiteter Körperkontrolle führe ich ein Pferd an die bisher noch unberührte Thematik: „Verhalten an Schreck-Objekten am Wegesrand oder im Umfeld von Reitbahn oder -halle" heran. Bei jedem Ausritt ist man in der Regel darauf angewiesen, auf Wegen zu reiten. Diese Wege sind maximal drei bis vier Meter breit. Oft sind sie durch Drahtzäune, Gräben oder Ähnliches begrenzt.

Die Reiterin führt das Pferd in der Schulterherein-Position an das Schreckobjekt heran. Nach wenigen Tritten lässt sie das Pferd verharren, das ist sehr wichtig.

> **TIPP**

Was lernt das Pferd?
Es lernt, nicht mehr vom Fluchtinstinkt gesteuert auf solche Situationen zu reagieren, sondern sich vom Reiter sicher durch Ausnahmesituationen führen und leiten zu lassen

Was lernt der Mensch?
Er lernt, sich von solchen Situationen nicht überraschen zu lassen, sondern sich und sein Pferd planvoll vorzubereiten. Er zeigt dem Pferd ein Verhalten oder Ritual auf, das immer in solchen Situationen angewendet wird und dem Pferd somit Sicherheit und Selbstvertrauen gibt. Er lernt, die Kontrolle über die Bewegungen des Pferdes zu behalten und diesem ein sicheres Gefühl zu geben.

Irgendwann muss man sogar neben einer befahrenen Straße auf einem schmalen Seitenstreifen oder gar auf dem rechten Fahrbahnrand reiten. Stets muss man damit rechnen, dass sich am Wegesrand eine Situation ergibt, die für das Pferd Furcht einflößend ist. Sei es, dass ein Traktor oder eine Landmaschine zu passieren ist, oder es liegt eine Plastikfolie am Wegesrand und flattert im Wind, Mülltonnen stehen herum, Fußgänger mit Regenschirmen, Kinderwagen, Hunde oder Fahrradfahrer begegnen einem. Die Palette der für Pferde ungewohnten Situationen ist beliebig zu erweitern. Diese Situationen führen bei vielen Reiterinnen

In der direkten Nähe kommt etwas mehr Spannung ins Pferd, die Hilfen und die Position bleiben aber gleich.

Auch am Objekt soll das Pferd verharren und seine Aufmerksamkeit zur Reiterin richten. Rechter Zügel und Schenkel begrenzen das Pferd in seinen Bewegungen.

und Reitern häufig zum Verlust der momentanen Kontrolle über ihr Pferd und vertiefen ein Gefühl der latenten Unsicherheit. Das wiederum lässt die meisten Pferde noch schreckhafter reagieren. Die überlieferte Empfehlung: „Lasse dein Pferd hinschauen, sprich beruhigend mit ihm, es wird sich an die Situation mit der Zeit gewöhnen!" führt nicht wirklich zum erwünschten, zuverlässigen Verhalten. Ein Pferd will einen Gefahrenbereich instinktiv meiden, einen Bogen darum machen und das „Schreckobjekt" anschauen. Lassen wir es gewähren, so wird es möglicherweise seitlich ausbrechen, eine unkontrollierte Kehrtwendung machen oder sich weigern, weiterzugehen.

Das alles ist auf einem Reitplatz schon unangenehm, im Gelände jedoch, am falschen Ort zur falschen Zeit, kann ein solches Verhalten verheerende Folgen haben. Jede Reiterin und jeder Reiter sollte aber im Rahmen seiner Verantwortlichkeit soviel Kontrolle über sein Pferd ausüben können, dass von ihm keine Gefährdung für andere ausgeht, und natürlich sollte die eigene Unversehrtheit und die des Pferdes auch nicht außer Acht gelassen werden.

Mein Bestreben ist es deshalb, ein Pferd zu lehren, unter reiterlicher Einwirkung kontrolliert und **nicht mehr instinktiv** solche Situationen mit einem **anderen Verhaltensmuster** zu bewältigen, als es das normalerweise aus eigenem Antrieb tun würde. Es soll **lernen**, dass jede seiner Bewegungen vom Reiter Schritt für Schritt ausgelöst und auch begrenzt werden. Der Reiter lernt, vom Rücken eines Pferdes aus das „Wann, Wo und Wie" der Bewegungen zu vermitteln.

Diese Routine stärkt durch **wiederholtes Üben solcher Stress-Situationen** das Selbstbewusstsein des Pferdes und das Vertrauen in die „Führungsqualitäten" seiner Reiterin oder seines Reiters. Das führt zu mehr Gelassenheit in der Bewältigung heikler Situationen und die Kontrolle über Tempo und Linienführung geht niemals verloren. Damit werden Reiterinnen und Reiter selbst immer sicherer und gelassener.

Wie wird diese Übung ausgeführt?
Zunächst erarbeitet man auf einem Reitplatz diese Routine. Das Pferd befindet sich hier noch in vertrauter Umgebung, und so fällt es ihm leichter, neue Wahrnehmungen und Reize zu akzeptieren. Zunächst wiederholt man mit ihm die Übungen 4, 11, 12 und 14. Diese sind Pferd und Reiter aus dem Grundlagentraining bekannt.

Nach einigen Wiederholungen platziert man ein großes Stück Plastikfolie an der Reitbahneinzäunung oder an der Bande. Man reitet Schritt und nähert sich diesem Bereich auf dem Hufschlag reitend an. Natürlich ist zu erwarten, dass ein Pferd auf eine solche Veränderung seiner gewohnten Umgebung instinktiv zögerlich, aufgeregt oder schreckhaft regieren wird. Mit einigem Abstand zum Objekt nimmt man deshalb rechtzeitig Kontakt mit Zäumung und Schenkeln auf und positioniert es in „schenkelweichender Position" oder im Schulterherein mit der Kruppe zum Zaun. In dieser Situation rechnet man damit, dass es sich versteifen wird und gegen die reiterlichen Einwirkungen unnachgiebiger wird. Es ist deshalb wichtig, die Hilfen richtig zu platzieren, eventuell aber mit deutlich gesteigerter Impulsintensität einzusetzen, wenn es nötig wird. Doch sollte man sich nicht selbst versteifen, verkrampfen oder gar ins „Drücken" oder „Ziehen" verfallen. Anders als bei den Übungen bisher sollte man aber in der direkten Nähe des Plastikobjekts kein flüssiges, dynamisches Seitwärts-Vorwärtsgehen mit genauer Fußfolge und präziser Linienführung erwarten. Im Gegenteil, man zeigt dem Pferd deutlich, dass es stets nur einen diagonalen Seitwärtsschritt ausführen soll, dann wird ihm ein kurzes Verharren angeboten, bevor man es zum nächsten Schritt auffordert. Jedes Verharren wird vom Reiter genutzt, um tief auszuatmen und sich bewusst in der Haltung zu lockern. Je näher das Pferd dem Objekt kommt, umso mehr Spannung wird man fühlen. Es ist wichtig, in dieser Situation sorgfältig darauf zu achten, dass man sich selbst nicht „festzieht", versteift oder mit den Schenkeln und dem Sitz zu „drücken" beginnt und sich dabei möglicherweise noch seitlich lehnt. Das alles würde es dem Pferd in dieser Situation sehr erschweren, in der gewünschten Form zu reagieren.

Die Devise lautet: „Zentriert und locker sitzen, mit Händen und Beinen gefühlvoll und dosiert Impulse in der nötigen Intensität am richtigen Fleck geben und Schritt für Schritt arbeiten!"

Die Abbildung zeigt die Positionierung und Hilfengebung am Schreckobjekt.

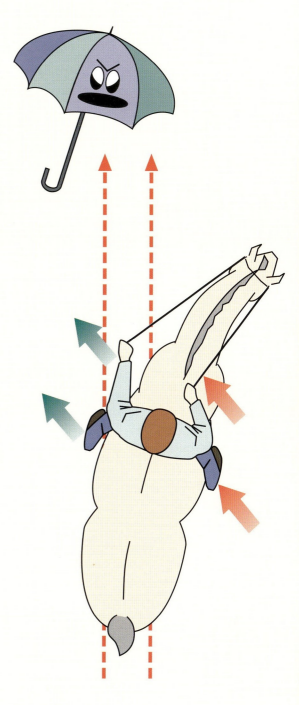

Anfänglich nimmt man sich vor, das Pferd in einem „Korridor" von etwa 2,5 m bis 3 m am Zaun zu halten, während es sich seitwärts-vorwärts am Objekt vorbei bewegt. Wenn die Hufschlaglinie, auf der es sich bewegt sich zu einem kleinen Bogen wandelt, so ist das zu diesem Zeitpunkt zu tolerieren.

Mit zunehmender Übung und Routine sollte man jedoch anstreben, das Pferd fast auf „Tuchfühlung" an solch einem Objekt vorbei zu leiten, also ohne wesentliche Abweichungen vom ursprünglichen Hufschlag. Man übt stets nacheinander in beiden Richtungen und platziert später verschiedene Objekte an unterschiedlichen Orten auf der Reitanlage. Dafür sucht man zunächst Bereiche aus, die kein Gefährdungspotenzial beinhalten, wenn das Pferd einmal die reiterlichen Einwirkungen ignoriert und sich mit einem Satz aus dem gewünschten „Korridor" entfernt.

Hat das Pferd dieses System erst einmal verstanden, so ist es schon ausreichend, es vor einem Objekt in die „Ausgangsposition 45 Grad, Schenkelweichen" zu stellen, und es lässt sich willig und kontrolliert in dieser Routine durch entsprechende Situationen leiten. Nun ist es an der Zeit, ins Gelände zu gehen und dort ähnliche Übungen zu machen. Sehr schnell ist man dann auch für überraschend auftretende „Schrecksituationen" präpariert, die dann gar keinen Schrecken mehr verursachen.

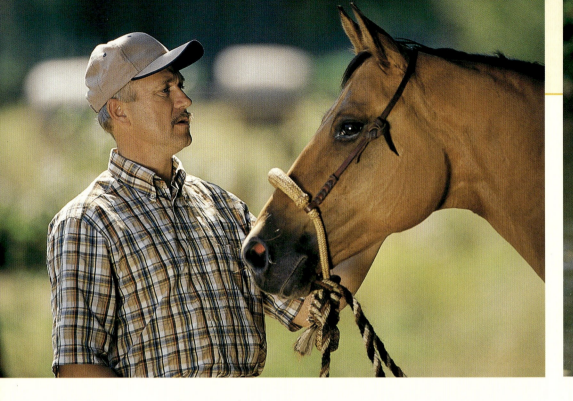

Der Traum vom harmonischen Miteinander

Liebe Leserinnen und Leser,
es gibt Grundlagen, die sollte jeder Pferdebesitzer wissen und es gibt Fertigkeiten, die er beherrschen sollte. Es gibt Verhaltensweisen, die den Umgang mit Pferden und das Reiten gefährlich machen und andere, die dazu beitragen, Sicherheit und Harmonie im Umgang mit diesen Tieren zu verbessern.

Diese Erfahrungswerte sind uralt und wurden unter Pferdeleuten von Generation zu Generation weitergegeben. In allen Gebrauchsreitweisen waren sie so allgegenwärtig, so selbstverständlich, dass Niemand eine Notwendigkeit sah, sie aufzuschreiben und auf diese Weise zu sichern und weiterzugeben. In Ländern, in denen Gebrauchsreiten eine Tradition hat, sind sie noch lebendig.

In unserem Kulturkreis aber sind sie verloren gegangen. In die Literatur eingegangen sind nur die Inhalte „anspruchsvollen Reitens". Die Techniken und Methoden der „Reitkunst", deren unterschiedliche Interpretation und Anwendung füllt dutzende von umfangreichen Werken. Möglicherweise wurde noch niemals zuvor so viel über „richtiges" Reiten diskutiert und geschrieben, wie heute. Das „reiterliche Bewusstsein" in Deutschland hat das Pferd traditionell nur vom Sattel abwärts betrachtet und behandelt. Für Umgang, Erziehung und Betreuung waren oder sind der Stallbursche, der Stallmeister und der Tierarzt zuständig.

Diese Trennung von Reitbahn und dem restlichen Lebensraum von Pferden hat dazu geführt, das exzellente Reittechniker ihr Wissen weitergaben, die angewandte Pferdepsychologie aber ein wenig zu kurz kam.

Mit dem Freizeitreiterboom änderte sich das Szenario noch einmal. Heute versuchen deshalb viele Laien im Umgang mit Pferden und ungeübt im Reiten ohne eine optimale Anleitung und Betreuung, zu befriedigenden Resultaten zu gelangen. Dieser Versuch gelingt nicht immer und führt häufig zu frustrierenden Erfahrungen. Das gilt für Mensch und Tier dann gleichermaßen.

Wenn Sie sich solche Enttäuschungen ersparen wollen, dann bietet sich ein Ausweg: Lassen Sie sich nicht vom „Schubladendenken" mancher Reiter anstecken. Englisch- oder Dressurreiten, Western- oder Barockreiten, spanisch oder am Bändele, all das ist zunächst nicht wichtig.

Für Pferde gibt es diese „Schubladen" nicht, sie unterscheiden nur zwischen komfortablen und unkomfortablen Situationen. Für sie ist wichtig, was sie fühlen.

Für alle Pferde, Reiterinnen und Reiter gibt es universelle und grundsätzliche Prinzipien. Je konsequenter man diesen folgt, desto harmonischer und funktionaler gestaltet sich das Miteinander zwischen Mensch und Pferd.
Erst auf dieser Grundlage ist es sinnvoll, zu spezialisieren und sich „seine Schublade" zu suchen.
Gute Horsemanship ist universal, jedermann zugänglich und von Niemandem allein repräsentiert!

Sie wurde über Generationen überliefert, sie hat ihre Wurzeln in der Gebrauchsreiterei, sie wurde verfeinert von Gentlemen, sie kann das Leben von Hunderttausenden von Pferdefreunden und ihren Pferden auch heute noch bereichern.

Mögen Sie Ihrem Traum vom harmonischen Miteinander mit Ihrem Pferd einen Schritt näher kommen.

>>>
Service

Zum Weiterlesen
Hier finden Sie Bücher, Videos und
DVDs, die weiterhelfen, Themen vertiefen
oder einfach nur Freude machen.

Nützliche Adressen
Einige wichtige Adressen
rund ums Reiten auf einen Blick

Register
Zentrale Begriffe und Übungen
zum Nachschlagen

Zum Weiterlesen

Aguilar, Alfonso / Roth-Leckebusch, Petra: **Wie Pferde lernen wollen**; Bodenarbeit, Erziehung und Reiten, KOSMOS 2004
Der Mexikaner Alfonso Aguilar ist bekannt für seine einfühlsame Art, Pferde zu trainieren. Er zeigt anhand vieler praktischer Übungen, wie Pferde gefördert werden können.

Bayley, Lesley: **Trainingsbuch Bodenarbeit**; Die Methoden und Übungen der besten Pferdeausbilder, KOSMOS 2006
Bodenarbeit fördert das Körpergefühl, dient der Gymnastizierung und ist eine ideale Ergänzung zum Reiten. Hier sind die Methoden der bekanntesten Ausbilder in einem Buch beschrieben.

Bender, Ingolf (Hrsg.): **Kosmos-Handbuch Pferd**; Reiten, Fahren, Haltung, Zucht, Gesundheit, KOSMOS 2006
Ein Nachschlagewerk für Amateure und Profis aus Expertenhand – umfassend, aktuell und wissenschaftlich fundiert, dazu aber praktisch und klar verständlich wird dem Leser modernes Wissen rund um Pferde und den Reitsport vermittelt.

Eschbach, Andrea und Markus: **Reiten so frei wie möglich**; KOSMOS 2010
Die erfahrenen Pferdetrainer Andrea und Markus Eschbach zeigen in diesem Ratgeber den praktischen und sicheren Weg zum Reiten mit mehr Freiheit. Sie stellen verschiedenes Zaumzeug, das Reiten mit Halsring und ohne Sattel vor.

Jung, Kirsten: **Reiten – anatomisch richtig und pferdegerecht**; Der Weg zum gelösten und durchlässigen Pferd, KOSMOS 2007
Dieses Buch erklärt die anatomischen Gesetzmäßigkeiten des Pferdes und zeigt auf, wie sie ins tägliche Training integriert werden können.

Kreinberg, Peter: **Grundkurs Westernreiten**; KOSMOS 2002
Der erfahrene Westerntrainer Peter Kreinberg beschreibt den Weg zu einem einfühlsamen Sitz, zu richtiger Hilfengebung sowie die Korrektur typischer Reiterfehler.

Kreinberg, Peter: **Aufbaukurs Westernreiten**; KOSMOS 2003
Die Ausführung anspruchsvoller Manöver wie Rollback, Spin oder Sliding Stop und ihre richtige Vorbereitung werden hier praxisnah erläutert.

Kreinberg, Peter: **Grundausbildung für Western- und Freizeitpferde**; KOSMOS 2001
Peter Kreinberg zeigt in seinem Buch die behutsame, konsequente und in logische Teilschritte gegliederte Ausbildungsmethode, die das Wesen und die Psyche des Pferdes stets berücksichtigt.

Kreinberg, Peter: **The Gentle Touch®**; Die Methode für anspruchsvolles Freizeitreiten, KOSMOS 2007
Dieses Buch gibt Aufschluss über Hintergründe und Grundlagen seiner erfolgreichen Gentle-Touch®-Methode und beschreibt Schritt für Schritt den Weg zur Harmonie beim Reiten.

Kreinberg, Peter: **Peter Kreinbergs Bodenschule**; The Gentle Touch®-Übungen für mehr Gelassenheit, KOSMOS 2009
Die wichtigsten Bodenarbeitsübungen nach der The Gentle Touch®-Methode mit Schritt-für-Schritt-Rezepten. Eine Fundgrube für alle, die ihr Pferd einfach, effektiv und pferdefreundlich ausbilden wollen.

Metz, Gabriele: **Reiten A-Z**, KOSMOS 2010
Kompakt und kompetent erklärt dieses Lexikon über 700 Begriffe rund ums Reiten: umfassend, auf aktuellem Stand und üppig bebildert.

Meyners, Eckart: **Aufwärmprogramm für Reiter**; Optimale Vorbereitung auf Training und Wettkampf, KOSMOS 2008
Aufwärmen ist in nahezu jeder Sportart Standard. Endlich haben auch die Reiter die Bedeutung dieser Vorbereitung erkannt. In diesem handlichen Ratgeber findet jeder Reiter heraus, wie er sich optimal auf das bevorstehende Training oder eine Turnierprüfung einstellen kann.

Meyners, Eckart: **Übungsprogramm im Sattel**; Losgelassenheit, Beweglichkeit und Koordination verbessern, KOSMOS 2009
Die Aufwärm- und Übungsprogramme vom Bewegungsexperten Eckart Meyners sind in der Reiterszene beliebt. Hier stellt Eckart Meyners über 60 neue Übungen auf dem Pferd vor, die Reitern zu einem besseren Sitz verhelfen.

Penquitt, Nathalie: **Meine Pferdeschule**; Zauber der Verständigung, erweiterte Neuausgabe, KOSMOS 2010
Die aktualisierte und erweiterte Neuausgabe des Klassikers. Praktische Schritt-für-Schritt-Anleitung, Pferde an der Hand auszubilden und zu trainieren, mit Aufzeigen möglicher Fehler. So lernen Pferde Bodenarbeit und Zirkuslektionen leicht und locker.

Rashid, Mark: **Der auf die Pferde hört**; Erfahrungen eines Horseman aus Colorado, KOSMOS 1999, 2006
Sensibel, humorvoll und mit überraschenden Einsichten schildert Mark Rashid in vielen Erlebnissen und Fallbeispielen seinen ganz persönlichen Weg mit seinen Lehrmeistern, den Pferden.

Rashid, Mark: **Der von den Pferden lernt**; Ein Horseman, der zum Schüler seines Pferdes wird, KOSMOS 2007
Humorvoll und einfühlsam erzählt der Pferdetrainer, wie er durch sein Ranchpferd Buck einen anderen Blickwinkel für den Umgang mit Mensch und Tier und dem eigenen Leben bekam.

Rashid, Mark: **Pferde suchen einen Freund,** ...denn Pferde suchen Sicherheit; KOSMOS 2010
In diesem Buch erzählt Pferdetrainer Mark Rashid, wie er nach einem Sturz vom Pferd mit Hilfe der Lehren seines alten Pferdemannes lernt, die Energie des Pferdes aufzunehmen, sie mit der eigenen zu verschmelzen und so zum inneren Gleichgewicht zurückzufinden.

Schöning, Dr. Barbara: **Trainingbuch Pferdeerziehung**; Schritt für Schritt zum gut erzogenen Pferd, KOSMOS 2010
Jedes Pferd kann und muss Regeln lernen! Wie dies systematisch zu erreichen ist, zeigt Dr. Barbara Schöning Schritt für Schritt in diesem Buch. Erziehungsgrundlagen werden erklärt, Probleme analysiert und auf der Grundlage lernbiologischen Wissens praktisch angegangen und gelöst.

Stern, Horst: **So verdient man sich die Sporen**, KOSMOS 2011
Die populärste Reitlehre der Welt im wunderbaren und unnachahmlichen Stil von Horst Stern – seit 50 Jahren unerreicht!

Tellington-Jones, Linda/Lieberman, Bobbie: **Tellington Training für Pferde**, Kosmos 2007
Ein Lehr- und Praxisbuch, in dem die Autorin neue Ausbildungswege an schwierigen und verstörten Pferden darstellt. Hierbei bringt sie ihre jahrzehntelange Erfahrung ein, um eine harmonische Bindung zwischen Mensch und Pferd zu schaffen.

Empfehlenswerte DVDs

Kreinberg, Peter: **Grundkurs Westernreiten**, KOSMOS 2007

Kreinberg, Peter: **Aufbaukurs Westernreiten**, KOSMOS 2007

Kreinberg, Peter: **Grundausbildung für Western- und Freizeitpferde**, KOSMOS 2007

Nützliche Adressen

Peter Kreinberg
Hauptstr. 27 a
D-21649 Regesbostel
Tel.: 0049-(0)4165-217617
e-mail: kontakt@peter-kreinberg.de
www.peter-kreinberg.de

Deutsche Reiterliche Vereinigung (FN)
Freiherr-von-Langen-Str. 13
D-48231 Warendorf
Tel.: 0049-(0)2581-6362-0
Fax: 0049-(0)2581-62144
www.fn-dokr.de

Vereinigung der Freizeitreiter und -fahrer in Deutschland (VFD)
Auf der Hohengrub 5
D-56355 Hunzel
Tel.: 0049-(0)6772-9630980
Fax: 0049-(0)6772-9630985
www.vfdnet.de

Bundesfachverband für Reiten und Fahren in Österreich
Geiselbergstr. 26–32 / Top 512
A-1110 Wien
Tel.: 0043-(0)1-7499261-13
Fax: 0043-(0)1-7499261-91
www.fena.at

Schweizerischer Verband für Pferdesport
Papiermühlestr. 40 h
Postfach 726
CH-3000 Bern 22
Tel.: 0031-(0)335-4343
Fax: 0031-(0)335 4358
www.svps-fsse.ch

Deutsches Pferdemuseum
Holzmarkt 9
D-27283 Verden (Aller)
Tel.: 04231-807140 (Ausstellung)
Tel.: 04231-807150
e-mail: pferdemuseum@t-online.de
Das Deutsche Pferdemuseum in Verden bietet für alle Pferdeinteressierte eine informative Ausstellung, eine große Bibliothek und viel Information rund ums Pferd.

Register

Abkauen lassen 95
Achterfigur um die Tonne 84
Aktiver Schenkelimpuls 132
Akustische Signale 65
An den Zügel stellen 104
Anerkennung 32
Angaloppieren aus dem Schritt und dem Stand 148
Angaloppieren aus dem Trab und Schritt 120
Angstgefühle 13, 70
Angstmanagement 44, 70f.
Anhalten aus dem Galopp – der Stopp 154f.
Anlehnung 19
Arbeits- und Gebrauchsreiterei 22
Artgerechte Umgangsformen 39
Aufmerksamkeit 32, 40, 152
Ausbalancierter Sitz 52
Ausbildung 18, 28
Ausbildungsmethoden 39
Ausrüstung 73
Autorität 30, 40

Balance 44, 50, 71, 109, 119, 152
Bewegungsblockaden 88
Bewegungskoordination 79
Blumenstraußprinzip 104
Bodenarbeit 40, 78
Bodenricks 152
Bodenverhältnisse 158

Cavalettis 91

Dehnung am nachgebenden Zügel im Schritt und Trab 124
Deutsche Reiterliche Vereinigung (FN) 17f., 21, 23
Deutsche Reitlehre der FN 14, 18, 20
Disziplinierung eines Pferdes 79
Don Baldomero Irurigoitea 73
Dressursport 22
Drill 35
Druck und Nachgiebigkeit 76, 85f.
Druckimpulse 48, 56
Druckpunkte 57
Durchlässigkeit 111

Ed Conell 73
Eigenbalance 79
Eigenkoordination 119
Einseitige Kontakte 104

Entspannungs- und Dehnungssituation (Komfort) 110
Entspannungsreflexe 106
Erfahrungshintergrund 42
Erziehung 19f., 28f. 38f, 49, 79 84
Erziehungs- und Ausbildungsmethoden 34, 42

Fehlhaltungen 44, 46f., 55
Feine Hilfen 72
Fleiß 42
Flexionieren 95
Fluchtinstinkt 41, 160
Freizeitpferde 29
Freizeitreiter 8f., 14, 23, 27f.
Freizeitreiter-Boom 21f., 165
Freizeitreitlehre 28
Führen an der Hand 86
Führkette 89
Füttern aus der Hand 37

Galopp 126
Gangartwechsel 120
Gebissverständnis 76
Gebrauchshaltung 19
Gebrauchsreiterei 13, 21f.
Gehorsam 41
Geistige Führerschaft 34
Geraderichten 67
Geschlechtsverhalten 41
Gewichtshilfen 50, 58, 62
Gewichtsverlagerungen 65
Gewöhnungsprinzip 35
Gleitender Griff 80f.
Gymnastizierende Übungen 128, 138
Gymnastizierende Wirkung 152
Gymnastizierender Effekt 134
Gymnastizierung 14, 19f., 28 49, 68

Hackamore-Zäumung 69
Harmonie zwischen Pferd und Reiter 8, 30, 32, 48, 65, 136, 142
Heeresdienstvorschrift (HDV12) 14, 19, 25
Herdenverhalten 35, 41
Hilfegebung 24, 44, 50, 61
Hinterhand am Seil kreuzen lassen 79
Hinterhandwendungen 98, 114f.
Hohe Schule 18, 27
Horsemanship 7, 22, 33, 164

Individualbeziehung 30, 35, 40
Instinktives Verhalten 30, 41, 43

Jungpferdeausbildung 24

Kampagnereitweise 18, 24, 28 35, 78
Kehrtwendungen im Schritt 127f.
Klassische Reitkunst 9, 22
Kontakt-Druck-Situation 57
Körperkontakt 30, 40
Körperkontrolle 46, 78, 111
Körperkoordination 17, 44, 76 79, 97, 109, 119
Körpersprache 87, 91

Leckerli 37
Linienführung 116
Longieren 90
Lösende Übung 78, 106, 124
Losgelassenheit 25, 90, 97, 124

Motivation 8, 30
Muskelentspannung 67, 85

Nachgiebigkeit 52, 85
Natural Horsemanship 22f., 34

Optimale Dehnungshaltung 107

Pferdeerziehung 14
Pferdegerechtes Verhalten 34
Prinzip der Leichtigkeit 7, 71f.
Prinzip von direktem und indirektem Druck 91
Prinzip von Druck und Nachgiebigkeit 78, 80

Ray Hunt 26, 34
Reaktionszeit 156
Reiten in Stellung und Außenstellung 134
Reiterliche Einwirkung 48, 95, 109
Reitlehrer 21, 25
Reitpferdeverhalten 30, 43
Reittechnik 44
Reitunterricht 22
Reitweisen 29
Respekt 30, 41
Rhythmusgefühl 51, 152
Richtiges Pferdeverhalten 41
Richtlinien für Reiten und Fahren 18
Richtungsänderung 56
Risiken 30

Round-Pen 78
Rückwärtsrichten 138f.

Sattel 51
Schenkelhilfen 50, 52f., 64, 157f.
Schenkelweichen 128
Schreckhindernisse 98, 159, 161, 163
Schritt, Trab und Galopp auf dem Zirkel am losen Zügel 116
Schulterherein 136
Seitengänge 98
Selbstvertrauen 119
Sicherheit 30, 36, 38, 154
Signale 64, 78
Signaleinwirkungen 148
Sitz- und Schenkelhilfen 19
Sitzschulung 46
Slide 80f.
Spannungssituation (Diskomfort) 110
Sporen 54
Spurtreu reiten 67

Stillstehen beim Aufsitzen und bei Bewegungsübungen im Sattel 100
Stopps 154f., 159
Stress-Situationen 162
Tempokontrolle 98
Timing 82, 86f., 117, 158
Tom Dorrance 26
Trab in leichter Anlehnung 126

Übergänge zwischen Schritt, Trab und Schritt 142f.
Übertreten lassen an der Hand 97

Verhaltensprobleme 26
Versammelnde Übung 136
Verspannungen 56
Verständigung 35
Vertrauen 41
Viereck verkleinern und vergrößern 131
Vorhand am Leitseil kreuzen lassen 82f.

Vorhandwendungen 98, 114f.

Wechseln der Handposition 83
Wendungen um die Vorhand und die Hinterhand 112
Western Horsemanship 14, 22, 24
Western Natural Horsemanship 28, 78
Westernreitweise 22

Zäumungseinwirkungen 109
Zügelhaltung 56
Zügelhilfen 50, 56, 64, 158
Zügelnachgiebigkeit 98

Impressum

Bildnachweis

Farbfotos: Werner Ernst (1: S. 18), Gerhard Kapitzke (1: S. 8), Lothar Lenz / Kosmos (1: S. 9), Hannelore Menzendorf (1: S. 25), Christof Salata / Kosmos (1: S. 9), Rika Schneider (2: S. 26), Edith Schreiber-Kreinberg (124: S. 20, 21, 23 li., 24, 36, 37, 38, 46, 49 o., 56, 57, 58, 59, 69, 71, 72, 80 li., 84, 85, 86, 87, 89, 90, 92, 93, 96, 102, 103, 105, 106, 107, 110, 111, 113, 114, 117, 118, 119, 121, 122, 123, 124, 125, 126, 127, 128, 130, 137, 138, 139, 140, 141, 142, 143, 144, 145, 146, 147, 150, 151, 154, 155, 156, 157, 160, 161).
Alle 74 weiteren Fotos sind von Horst Streitferdt / Kosmos.
Die Illustrationen stammen von Cornelia Koller.

Impressum

Umschlag von eStudio Calamar unter Verwendung von zwei Farbfotos von Horst Streitferdt / Kosmos.

Mit 205 Farbfotos und 41 Farbillustrationen.

Alle Angaben und Methoden in diesem Buch sind sorgfältig erwogen und geprüft. Sorgfalt bei der Umsetzung ist indes doch geboten. Verlag und Autor übernehmen keinerlei Haftung für Personen-, Sach- oder Vermögensschäden, die im Zusammenhang mit der Anwendung und Umsetzung entstehen könnten.

Unser gesamtes lieferbares Programm und viele weitere Informationen zu unseren Büchern, Spielen, Experimentierkästen, DVDs, Autoren und Aktivitäten finden Sie unter **www.kosmos.de**

Mix
Produktgruppe aus vorbildlich bewirtschafteten Wäldern, kontrollierten Herkünften und Recyclingholz oder -fasern
www.fsc.org Zert.-Nr. SGS-COC-003210
© 1996 Forest Stewardship Council

Gedruckt auf chlorfrei gebleichtem Papier

Zweite, aktualisierte Sonderausgabe 2011
© 2011, Franckh-Kosmos Verlags-GmbH & Co. KG, Stuttgart
Alle Rechte vorbehalten
ISBN 978-3-440-12641-7
Redaktion: Alexandra Haungs
Produktion: Kirsten Raue, Claudia Kupferer
Printed in Germany / Imprimé en Allemagne

Peter Kreinberg.
Seine Erfahrungen.

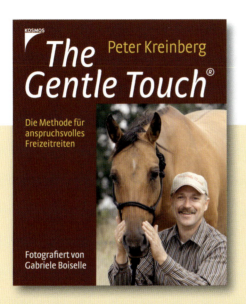

Die Methode für anspruchsvolles Freizeitreiten!

Peter Kreinbergs Vision ist die perfekte Harmonie beim Reiten, sein Schlüssel dazu die Verständigung zwischen Pferd und Reiter. In diesem Buch erklärt er die Hintergründe und Grundlagen seiner erfolgreichen The Gentle Touch-Methode® und beschreibt anschaulich Schritt für Schritt den Weg zur Leichtigkeit. Dabei nimmt er auch die offizielle Deutsche Reitlehre unter die Lupe und entwickelt daraus Ansätze für pferdeschonendes und harmonisches Freizeitreiten.

Peter Kreinberg | **The Gentle Touch**
176 S., 208 Abb., €/D 34,90
ISBN 978-3-440-10769-0

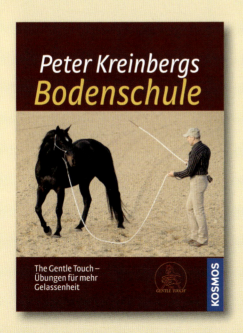

Der Weg zur feinen Kommunikation

Manche Menschen haben ihn einfach, den „besonderen Draht" zum Pferd. Doch wie bekommt man ihn? Mit den Übungen der Bodenschule können auch Einsteiger den feinen, aber wichtigen Unterschied zwischen schlichter Gewöhnung und nachhaltigem Lernen in der Pferdeausbildung verstehen. Peter Kreinberg erklärt im Detail, wie man unabhängig von der Reitweise Schritt für Schritt auf diese besondere Ebene der Verständigung gelangen kann.

Peter Kreinberg | **Peter Kreinbergs Bodenschule**
144 S., 154 Abb., €/D 22,90
ISBN 978-3-440-11388-2

www.kosmos.de/pferde

KOSMOS.
Wissen aus erster Hand.

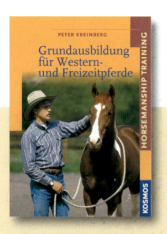

Horsemanship Training

Peter Kreinberg bildet junge Pferde an der Hand und unter dem Sattel aus. Auf der Basis von Vertrauen findet die Schulung so statt, dass das Pferd lernt zu warten, zu weichen und willig zu sein. So wird aus dem Fluchttier Pferd ein sicheres und auf feine Hilfen reagierendes Reittier.

Peter Kreinberg
Grundausbildung für Western- und Freizeitpferde
138 S., 133 Abb., €/D 24,90
ISBN 978-3-440-08460-1

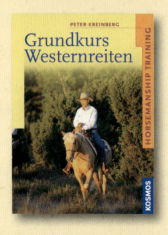

Schritt für Schritt

Peter Kreinberg erklärt Schritt für Schritt, welche Übungen dazu beitragen, in allen Körperteilen ohne Steifheit und Verkrampfungen beweglicher zu werden. Damit wird der Weg geebnet für einen einfühlsamen Sitz, der Grundlage für richtige Hilfen.

Peter Kreinberg | **Grundkurs Westernreiten**
138 S., 134 Abb., €/D 24,90
ISBN 978-3-440-08869-2

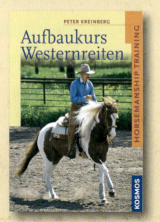

Weiter geht's

Rollbacks, Stops, Spins – diese und andere anspruchsvolle Manöver sowie vorbereitende Übungen gehören zum Trainingsprogramm fortgeschrittener Western- und Freizeitreiter. Auch Trailübungen und das Reiten im Gelände werden in diesem Praxisbuch praktisch und mit vielen Fotos erklärt.

Peter Kreinberg | **Aufbaukurs Westernreiten**
138 S., 154 Abb., €/D 24,90
ISBN 978-3-440-09403-7

www.kosmos.de/pferde